浙江中医临床名家

宋 康

总主编 方剑乔

杨珺超 主编

科学出版社

北 京

内 容 简 介

　　本书是"浙江中医临床名家"丛书之一，介绍了浙江名医宋康。宋康教授是第四批全国老中医药专家学术经验工作指导老师。全书共六章，前三章根据宋康教授的口述资料及相关报告整理而成，介绍了宋康教授的成才之路，包括中医萌芽、经名师指引及自身努力后在医疗方面做出的贡献和成绩。后三章重点记录了宋康教授在中医药诊疗肺系疾病方面的临床经验和典型病案，相关学术成就及其传承弟子的情况。全书文笔流畅，语言精炼，力求为广大中医院校学生及从事中医药工作者展现浙江省级名中医宋康真实、客观的从医成才之路，以及其独特有效的理法方药经验，启迪读者。

　　本书可供中医临床、科研工作者及在校学生阅读使用，也可供中医爱好者参考。

图书在版编目（CIP）数据

浙江中医临床名家. 宋康 / 方剑乔总主编；杨珺超主编.—北京：科学出版社，2019.6

　　ISBN 978-7-03-061741-5

　　Ⅰ.①浙… Ⅱ.①方… ②杨… Ⅲ.①宋康-生平事迹 ②肺病（中医）-中医临床-经验-中国-现代 Ⅳ.①K826.2②R256.1

中国版本图书馆CIP数据核字（2019）第124226号

责任编辑：鲍　燕　刘　亚　王立红/责任校对：杨　赛
责任印制：徐晓晨/封面设计：黄华斌

科 学 出 版 社 出版
北京东黄城根北街 16 号
邮政编码：100717
http://www.sciencep.com
北京捷迅佳彩印刷有限公司 印刷
科学出版社发行　各地新华书店经销
*
2019 年 6 月第 一 版　开本：720×1000　B5
2019 年 6 月第一次印刷　印张：7 1/4　插页：2
字数：122 000
定价：58.00 元
（如有印装质量问题，我社负责调换）

宋康英姿

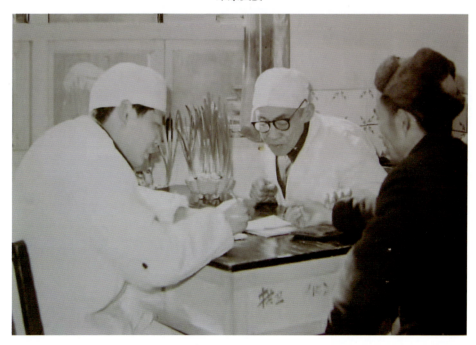

宋康门诊抄方（左一）

基层支农（左四）

浙江省中医院呼吸科全家福（一排，右一）

浙江中医临床名家

丛书编委会

浙江中医临床名家·宋康

编 委 会

主　审　宋　康

主　编　杨珺超

副主编　夏永良　　徐婷贞

编　委　（按姓氏笔画排序）

王　亚	王　璐	王维益	杨珺超
陈瑞琳	郑兰芝	郑苏群	夏永良
徐婷贞	曹　羽	蔡晓璐	谭　莉

总　序

中华医药，博大精深，源远流长。灵兰秘典，阴阳应象，穷万物造化之妙；《金匮》真言，药石施用，极疴疾辨治之方。诚夷夏百姓之瑰宝，中华文明之荣光。

浙派中医，守正出新，名家纷扬。丹溪景岳，《格致》《类经》，释阴阳虚实之论；桐山葛岭，《采药》《肘后》，载吴越岐黄之央。固钟灵毓秀之胜地，至道徽音之华章。

浙中医大，创业惟艰，持志以亢。忆保俶山下，庠序进修，克艰启幔；贴沙河干，省立学府，历难扬帆；钱塘江畔，名更大学，梦圆字响。望滨文南北，富春秋冬，三区鼎足，一校华光；惟天惟时，其命维新，一德以持，六艺互襄；部省共建，重校启航，黾勉奋发，踵武增华。

甲子校庆，名医辈出，几代芳华。值此浙江中医药大学建校六十周年之际，特辑撰"浙江中医临床名家"丛书，以五十二位浙江中医药大学及直属附属医院名医为体，以中医萌芽、名师指引、声名鹊起、高超医术、学术成就、桃李天下为纲，叙名家成长成才之历程，探名家学术经验之幽微，期有益于同仁之鉴法、德艺之精进。

时己亥初夏

目　录

第一章

中医萌芽

第一节　医药世家沐熏陶

　　20世纪50年代，正是百废始兴、百花齐放时期，此时的浙江亦是中医人才济济、繁星闪烁。1951年，宋康出生于浙江省杭州市，其祖籍是浙江省松阳县三都乡的杨家堂村。

　　杨家堂村，始建于1655年，始迁祖为宋濂第十一世孙宋显昆，因村中有三棵交叉的樟树，故最早名樟交堂，后改为杨家堂。杨家堂坐东朝西，根据五龙抢珠的地形设计，位于对面山、屏风山、祖坟山、大山脚、上山头五座大山合拢形成的坡地中，一条小溪自东而西环绕村落，形成玉带绕村的格局，可谓是人杰地灵。走进村口放眼望去，整个村落被青山古树环抱，村内为泥土瓦房，高低落差有致，斑驳墙体在阳光下泛着迷人的金黄，有着"江南布达拉宫"之称。村落里留存的古建筑虽因年久失修破损不堪，但整个建筑构架和建筑细节仍处处彰显着深厚的文化底蕴，这些建筑大都建于清乾隆至道光年间，屋面青瓦覆顶，马头墙气派高耸，雕梁画栋、门窗雕花，或五开间，或三开间，前置左右客轩，天井四周阶沿以青石板铺砌，底为河滩卵石铺砌，图案或寓意吉祥，或有阴阳八卦图。走入其中，更让人惊叹与折服的是，院子里，天井正前方用精楷誊写于墙上的家训："黎明即起，洒扫庭除""勤宜及时，俭贵适中"，将这些家训字字句句读下去，古人的训子之言朗朗在耳，而这良好的家风家训也培养出了一代代的育人良师。崇尚文教的杨家堂村，产生过许多历史文化名人，涌现了30多个国学生和邑庠生。因名相宋濂的第十一代世孙迁徙在此并世代繁衍，因此，杨家堂便成为了宋姓家族聚集地。

清末建筑的杨家堂村6号即是宋康祖上所建，这是一个坐北朝南的建筑，平面呈长方形，三合院式，为一进五开间带双弄二厢重檐泥木结构楼房。屋面硬山式，马头墙，阴阳合瓦，正屋五柱七檩前后单步，楼梯设东侧，檐柱牛腿雕曲线纹含花卉图案。厢房面阔一间，三合土墁地，天井石板铺设，门内墙两侧上方墨绘山水画。这座建筑不仅因它坐落历史文化名城而闻名，更是因为它人才辈出而受人敬仰。

宋微封，宋康祖父，字商邱（1892~1937年），少时聪慧过人，13岁即中秀才，浙江两级师范专业毕业。民国二十二年（1933年）、二十五年（1936年）两度出任松阳县立初级中学校长，学识渊博，正直善良，在当地德高望重，颇有影响。其四子女皆学有所成。

宋昌存，宋康之父，1950年毕业于浙江省立医学院。历任浙江省立医学院助教、讲师；浙江省医学科学院助理研究员、副研究员、研究员、硕士生导师。1980~1994年，任浙江省医学科学院寄生虫病研究所所长；1984~2003年，兼任世界卫生组织（WHO）蠕虫病研究合作中心主任；1987~2005年，分别担任卫生部寄生虫病专家咨询委员会副主任委员（一届、二届）、主任委员（三届）、名誉主任委员（四届）；1988~2006年担任浙江省预防医学会副会长（一届、二届）、顾问（三届）及浙江省医学寄生虫学专业委员会主任委员（一届）、顾问（二届）；2008年被授为中华预防医学会资深会员。其长期从事医学寄生虫学科研、教学和防治工作；主持建立浙江省医学科学院"医学寄生虫学硕士研究生点"，亲自带教硕士研究生6人；曾主持多项国家、国际重要（大）研究课题或项目，其中国家自然科学基金、"七五"攻关课题各1项，TDR/WHO基金、国际原子能机构（IAEA）/世界粮农组织（FAO）各1项，以及WHO/西太区研究项目3项。在钩虫病免疫、肺吸虫病诊断、丝虫病流行"阈值"及利用核射线防治弓形虫、华支睾吸虫感染性等课题研究中，获得部级科技成果二等奖1项，省科技成果三等奖8项；其中"核射线"研究成果为国际首次报道，为WHO制订有关卫生标准提供了科学依据。从20世纪80年代开始，受WHO和卫生部和浙江省卫生厅委托，主持举办全国寄生虫病防治技术训练班十余期，培养骨干技术人员五百余人。1988年获"全国卫生文明建设先进工作者"称号。1992年获国务院特出贡献表彰并享受"政府特殊津贴"。2008年获卫生部"全国丝虫病防治先进个人"称号。在国内外发表论文70余篇，著有《肺吸虫病》《寄生虫病免疫及诊断》《浙江动物志·吸虫篇》等著作。与11个国家的学术机构进行过科研合作，曾赴澳大利亚、波兰、墨西哥、泰国及菲律宾五国，与有关机构进行学术交流和访问。在"医学寄生虫学"学科中，享有盛誉。

宋昌几，宋康伯父，1945年毕业于浙江大学，留校任教，后考取浙江大学化学工程研究所攻读硕士学位，1950年硕士毕业后被分配在铁道部铁路科学研究院，任研究员，主攻方向"铁路机车给水"，并对本专业做出卓越贡献。1955年奉派赴苏联考察时积劳成疾，英年早逝。

宋昌中，宋康叔父，北京大学俄文系毕业，后考取文学研究院攻读硕士，毕业后长期从事高等教育工作，曾任吉林大学外文教授，在吉林大学从事苏俄文学史教学30余年，曾翻译《贝科夫小说选》《十九世纪俄国文学史》等近百万字，为中国文学和培养高级人才做出了较大的贡献。

宋淑持，宋康姑母，早年毕业于浙江湘湖师范学校，后考入浙江大学师范学院教育系。毕业后，曾长期执教，后担任上海市教育局小学数学教研员、视导员，上海市教育出版社副编审，工作积极，屡受表彰，为教育事业做出了积极贡献。

"宋家四彦"在各自的领域里刻苦钻研，著书立说，硕果累累，与宋氏一族实事求是、厚德载物、刻苦努力的优良品质息息相关。虽在杭城出生成长，但宋康父母不忘宋氏一族优良传统，在宋康幼时便重视对宋康的道德教育，要求宋康注重对家风的传承。"勤奋读书与厚德善人"同步前行，令其深刻琢磨"良德传家久，诗书继世长"的哲理，培养宋康在实事求是、厚德载物、正直善良构成的家风底色中添上浓重的一笔。同时善于利用生活中的小事启发宋康，使之潜移默化，用生活实例烛照宋康心灵，使优良品质真正地浸润宋康心田。

记得宋康四五岁时，在一个阳光明媚的午后，闲来无事，忽见一幅画，虽现已记不起画上的具体内容，可当时却被这幅画深深地吸引，不知何人所作，竟如此传神，引人入胜，小小年纪的他，即刻兴奋地找来纸笔，可对当时的他来说，要单独画出这样栩栩如生的画作是极其困难的事，所以，他把小凳子搬到了光线更好的地方，把纸张放在画上临摹。临摹完毕之后，他忽然认真地思考起来：别人的画都会署上姓名，我也应该在这幅画上留下自己的名字呢。所以临摹完之后，甚是开心的他，就在画的下角认真署上自己的姓名，并且写道"这是宋康作的画"，当时甚是开心的他，映着午后的阳光，骄傲地看着"自己的"画作，仿佛没有比这更有成就感的事情了。但当时的他，还不知道，就是因为这次"令他骄傲的画作"，父亲给他上了终生难忘的一课。结束了一天工作的父亲，回到家中发现宋康的画之后，把他叫到了房间，严肃地询问他："这幅画，是你自己画的？"宋康如实答道：我照着别人的画临摹的。听到回答后，父亲大发雷霆："明明是别人的作品，为何说是你作的画，还写上你的姓名？"从未见过父亲如此大发雷霆，面对父亲的质问，他惊慌失措，同时也意识到了问题的严重性。父亲仍坚持教育道："做人，要求真务实，不是自己的，就算再好，也不能盗用。"自此之后，"求真务实"四个字被深深地烙印在宋康心中，直至今日，宋康仍坚持用此四字，严格要求着自己。同时，"求真务实"也贯穿着父亲的一生，即使仙逝以后，这四个字也被刻在了他的墓志铭上，启迪着宋家后辈。

宽严并济，时常鼓励。相比严厉的教育，父母对宋康更多的是宽容和鼓励。宋康自幼聪颖好学，勤奋读书，爱好广泛，对于感兴趣的事物，总能快速找到方法去学习。对于宋康的表现，父亲都看在眼里，记在心中，并倍感欣慰。即使工作繁忙，仍不忘与宋康沟通交流，以便更好地了解宋康最真实的情感和想法，是父亲，亦是挚友。宋康遇到开心或烦恼的事情，也会主动和父母分享，并听取他们的意见和建议。对于宋康想要做的事情，父母常鼓励宋康：想做的事情，就放心大胆去做，不问结果，尽力即可。父母的鼓励和支持，给了宋康更多的勇气和力量。记得小学竞选班干部时，虽然平时表现优秀，但因为竞争人数较多，且其他竞争者也都非常优秀，宋康内心有些犹豫和担心。放学回家后，父母也察觉到宋康有些"忧郁"，便耐心地与宋康沟通，了解宋康烦恼的缘由，这时父母便面露微笑地对宋康说："有时，事情的意义就在于你追逐、努力的过程，而不是只在意结果；就如夸父逐日，也许在别人看起来有些疯狂，但对夸父来说，他享受的是过程给他带来的意义。班干部竞选，即使竞争者有很多，但只要你去做，并为之做了充分的准备和努力，不管结果如何，你都已经成功了。退一步来说，就算竞选失败了，那你也可以从这次竞选中积累经验，查找失败的原因，下次再竞选时，胜算便又多了几分。"就这样，宋康带着父母的鼓励，成功竞选为了班干部。父母的支持和鼓励，是宋康最坚实的后盾，为他提供了最宽阔的臂膀。

出身于医学之家的宋康，父母都是西医。宋康自幼便沐浴在医学的家庭氛围之中。在中华人民共和国成立初期，由于浙江省寄生虫病严重，政府对寄生虫防治问题非常重视，父亲宋昌存受政府委托，作为寄生虫病研究员下乡支援，防治寄生虫病，即使回到家中，父亲也会继续钻研寄生虫病，或是邀几位同行至家中，共同探讨。同样西医出身的母亲，当时在杭州市中国人民解放军第一一七医院工作，后转至杭州市第三人民医院。在宋康教授的记忆中，作为先进工作者的母亲，也是工作繁忙，且把工作放在首位的一位医学工作者。父母身体力行地为宋康诠释着"爱岗敬业"的意义。小时候的宋康常会看到各种各样的患者慕名来向父母求治或是答谢，父母对登门求治的患者从不厌烦，热心、耐心、精心地为每一位患者诊治。宋康从小便看到人们对医学工作者的尊重和信任，听到患者对父母的感激和赞誉，还经常看到痊愈后的患者登门致谢。这些记忆和经历不断地在宋康脑海中积累，自己便也逐渐立志要成为一名像父母一样优秀的医学工作者。

父母对工作的认真谨慎，对医学的一丝不苟，对患者的耐心、精心，都潜移默化地影响着宋康，出身医药世家的他，自幼便受医药氛围的濡养滋润、渗透浇筑，医药的种子慢慢扎根在了他的内心深处，只待他慢慢长大，然后生根发芽。

第二节 耳濡目染识岐黄

1958年，到了要上小学的年纪，宋康离开了中国人民解放军第一一七医院家属大院，来到了父亲单位宿舍——老浙大。老浙大横路，上了年纪的杭州人都称它"上刀茅巷"，是杭州众多百年小巷中的一个。清光绪二十三年（1897年），杭州知府林启在这里的普慈寺创办求是书院，成为后来浙江大学的前身。从建校到1952年，除了8年抗战，这里一直是浙江大学的主校区。50多年前，浙江大学搬迁，这里又成为浙江中医学院（现浙江中医药大学）的老校区。

那时，整个老浙大东起贴沙河，西至大学路，北抵现庆春路，南至现大河下。校园内有"求是湖""新开河"流过，小桥流水，柳树成荫，主教学楼阳明馆前有绿色的草地广场，优雅的环境、整齐的建筑，内有香樟、银杏、水杉、水腊、火棘、雪松、桂花等名贵植物，这里除了景色怡人，还有着得天独厚的文化积淀和与时俱进的学习氛围，这里还麋集了浙江省医科院的前身——浙江省卫生实验院、浙江省药检所、浙江省中医研究所、防疫站，几乎是浙江医学的摇篮，孕育着浙江省卫生系统无数日后的精英，宋康就是在这样一个人杰地灵的地方长大的。

谈到中医，宋康最先接触的便是中药。孩童时期，似乎对一切都充满了好奇，想要尝试的很多，世界总是充满了惊喜，让人忍不住去探索。因在附近的建国二小读书，宋康和许多浙江中医学院老师的孩子成为同学，那时候的作业似乎不像现在这样繁重，放学完成作业后，剩下的就是小伙伴们一起玩耍的时间。宋康经常会去老浙大的其他宿舍玩耍，而老浙大的宿舍里居住了很多有名的中医，有马莲湘、罗鸣岐、徐荣斋、宋光济、蔡鑫培等。这样的环境使宋康与中医的缘更亲，分更近。在同学家中，宋康常会遇见他们的中医家长。因为父母同样是医学工作者，所以宋康对这些中医家长倍感亲切和尊重。去同学家中次数多了之后，与中医家长们接触的时间长了，宋康逐渐发现，这些中医家长在家中或是看书，或是写字，或是画画。于是，中医家长在宋康脑海中的形象便是：名中医们个个都是博览群书、孜孜好学、笃爱医药之人。因此，内心也对他们多了一分钦佩。

因为父母也是医学工作者，与附近居住的许多中医也很熟络，所以这些中医对宋康也都不陌生。你来我往，不仅同学之间的感情越来越深，而且与同学父母之间越来越亲切。去同学家中时，他们的父母也会和宋康说说中医的知识，没有刻意教授，就像与孩子聊天一样，宋康也不会觉得拘束和压抑，尽管当时似懂非懂，但觉得中医是个神奇的存在，蕴藏着很多奥秘，便对中医很有好感。所以每到身体不适时，首先想到的治疗方法便是中医。父母对中医也十分信任，常会带领宋康去中医好友家中请求诊疗。求诊时，宋康会主动向中医诉说自己的证候、感觉，挽开袖口，自然而然地把手腕放在桌上，请中医为自己把脉，然后很认真地听着中医的分析，偶尔会提出小小的问题，俨然一副小大人的模样，憔悴的面容中掩不住可爱与求知欲。对症下药后，宋康便会在父母的陪同下前往中药房拿药。中药，对于很多孩子而言，会闻之怛然失色，喝之泪眼愁眉，可当时小小年纪的他，却不觉得，中药虽不好喝，却也能喝得，关键是效果显著，所以更多的是对中医的惊奇，认为中医是个不可思议的、神奇的存在，简单的几味草药，即可解除病痛，恢复健康，其中必然奥妙无穷。也许就是在那时，对中医喜爱的种子便深埋宋康心中，等待发芽。中医种子的播撒者便是经常为宋康诊治的马莲湘、林钦廉等一众名医。

马莲湘，擅长内、儿科，尤专儿科，是浙江省颇负盛名的中医儿科专家，在国内也有一定的影响。他敏悟好学，自秦汉至近代，先贤著作，莫不深究，囊括百家，融会贯通，造诣颇深，经验丰富。宋康请马老诊治时，常会遇到其他登门求诊的患者，他们多数来自南浔乡下，大多是慕名而来。对于乡下远道而来的患者，马老对他们更加和蔼可亲。也许正如马老所说：医德很重要，只有医德高的医者，才能对患者亲切和蔼。待诊时，宋康发现，马老治病时不分职位高低、亲疏远近，均一视同仁。面对患者，马老从不粗心大意，每次都会认真聆听患者诉说的不适，然后想方设法采用效高而又价廉的方药治疗。这些经历不仅让宋康亲身体会到了名医高明的医术，同时也目睹了一位名医高尚的医德。

高尚的医德和良好的医风可以改善患者的心理状态。对待患者善人之善，和气待人，体贴入微。有一次，宋康求诊时，看到马老家中有不少的求诊患者，轮到为宋康诊治时，宋康便小声地对马老说："您白天在医院也要诊治很多患者，回到家中，也会有人登门求诊，如果您累了的话，是不是可以加快看病速度，这样就可以有时间休息了。"听到这些话，马老首先感谢了宋康的关心，接着认真地回答宋康说："患者求诊，医者要极端负责，不能半点疏忽，否则就会贻误患者，加重病情，甚至断送性命。因此要认真辨证，耐心仔细地检查，才不致有误。"马老的一番话，不但让宋康更加敬佩，同时也让宋康明白了父母常带自己到马老处诊治的原因——医术与医德兼备，才是真正的名医。

另一位常为儿时的宋康诊治的名医是林钦廉教授。林老，亦是浙江省名中医，擅长内、儿科，尤专儿科，他博学笃志，融汇古今。医术精湛的他，为宋康诊治时，和颜悦色，平易近人，望闻问切，见微知著，切中病机，对症下药时，亦是快、稳、准，寥寥几味中药，便可药到病除。林老对待自己的患者也是和蔼可亲，能够同情和体贴患者的痛苦，从不敷衍，详细询问，时常鼓励和安慰，对于那时年纪尚小的宋康更是热情关怀，极其细致，让宋康倍感亲切，毫无恐惧，所以宋康生病时，从不畏惧就医，反而会主动求医。

马老和林老精湛的医术、高尚的医德，给宋康留下了深刻的印象，同时宋康也被他们认真负责、和蔼可亲的态度深深感动着。虽然年纪尚小，但身体不适时，宋康也会担心害怕，马老、林老总是会很耐心地抚慰他，或是认真地和他分析病情、病因病机、治则治法、用何方剂方药，或是说些笑话哄逗他开心，以分散他的注意力，让他安心、放心。他们和蔼可亲的态度，让人不自觉地想要亲近。对于其他的患者，马老、林老亦热情接待、悉心诊治，并多方解释，耐心开导，讲得患者愁眉苦脸而来，喜笑颜开而去。他们的这种为患者服务的高尚品德深深地打动着宋康。直至今日，他们对患者的态度还对宋康有着深刻的影响——即使患者很多，或是有些患者求医态度欠佳，宋康都会认真耐心地对待，就像当初马老、林老对待自己一样。

此外，还有一个让宋康喜爱中医的原因就是：他们的书法。其实，作为国粹的中医，与书法之间有着很微妙的关系。历代名家书写的方药字幅，很多都是书法史上的不朽杰作。当时的病历基本都是手写，药方亦是如此，马老和林老书写很随意，尤其是马老的书法，不求章法而自得章法，不求书卷气而自得书卷气，行笔气韵连贯，节奏适中，娟秀的字迹，配以实用的处方，药材间的留白，虽无意安排，却成了章法多变的书法小品，着实耐看。小小年纪的宋康拿到药方时，即被纸张上动人的字迹吸引，不得不对他们的"书作"肃然起敬；同时宋康也知道，在这些药方的背后，马老、林老不知写下了多少方子，挽救了多少患者。写得多了，修养到了，好的气息便跃然纸上了。

父母虽是西医，但结识了众多中医，对中医亦是敬佩喜爱，闲暇时期，经常和中医们探讨医学知识，不亦乐乎！对于孩子喜爱中医，父母不仅不会阻止，反而会因为孩子生病时能主动就医而感到高兴和欣慰。

第三节 求是学院现英才

宋康成长的地方老浙大，前身是1897年创建的求是学院，是中国人自己最早创办的新式高等学校之一。中华民国时期，崛起为民国最高学府之一，被英国科学史学家李约瑟誉为"东方剑桥"，这里风景如画，接天莲叶展无穷碧色、映日荷花点漾漾清波，岸边柳树林立，石凳木椅，那时的求是学院的美是宁谧的、一尘不染的，没有太多的喧哗，也没有太多的浮躁。秋霜冬雪，钟灵毓秀，尽在不言中。

成长在这里的宋康，自小学时期就成绩优异，在班级中名列前茅。那时候即使父母不监督自己的功课，宋康也会主动将作业完成，然后再去做其他的事情。小学中的每一学期，宋康都会被评为"三好学生""优秀班干部"等。除成绩优秀外，宋康也有着较强的组织和协调能力。那时作为班干部，班级中的春游、秋游及学校运动会等活动，宋康或主动组织，或协助老师们共同完成。因为做事考虑周全，细心谨慎，深得老师和同学们的喜爱。不仅如此，宋康从小就热心、善良，懂得关心别人，主动为有困难的同学提供帮助。记得有一次，班级有个同学发热，浑身不舒服，宋康轻声询问之后，便即刻背起同学前往医务室，小小身躯的他，背着体型相当的同学，虽然有些吃力，但宋康还是坚持了下来。后来这名同学得到了及时的治疗，病情并未加重。老师因此在班级中表扬了宋康，并通过这个事情教导其他同学要互帮互助，关心他人。对宋康来说，这样类似的事情还有很多很多。"当时宋康在班级甚至在学校都是很受欢迎的，一方面是因为他成绩优异、能力突出，另一方面是他对待同学、师长真实诚恳。学习上，他常会主动帮助成绩不理想的同学们，而且还非常有耐心；团体活动时，也会听取我们的意见，同时宋康也有自己的个性，独立自主但不固执己见。遇事有自己的见解与主张，不会人云亦云。所以他和同学们的关系是非常的融洽。"一位宋康的小学同班同学微笑着回忆道。

"那时候的宋康，虽然年龄不大，但各方面都表现优异。在我的记忆中，宋康是个很热心的孩子，他会主动为同学们提供帮助，诚恳待人。并且当时作为优等生，宋康并没有自负高傲的心理，而是很踏实、谦虚。部分优等生常自感天资不错，觉得周围的同学都不如自己，因而自命清高，不愿与同学交往。久而久之，失去了与同学交往的机会，使自己封闭起来。从而困于'孤芳自赏'之境。但这种现象在宋康身上从未发生过。对于班级的事务和活动，宋康也是积极主动，交给他组织的团体活动，他能够统筹兼顾，做好全局规划，制定方略，以方略率众。所以，直到现在对他的印象还很深刻，能够有这样的学生，我也觉得很骄傲、自豪。"宋康的小学老师接受采访时说道。

当听到同学和老师对自己的评价后，宋康只是淡淡地说道："其实，这些事情，都是我应该做的，没什么特别骄傲的。"

因为在学校表现优异，宋康仅在小学四年级时就当上了全校的大队长，在当时，这项职务，只有五六年级的优秀学生才能当上，这份殊荣给了宋康极大的鼓舞，使他无论在学习上还是生活中都对自己严格要求，努力争取做到更好，表现得更加优异。

小学时期，宋康不仅得到了诸多荣誉、珍贵的同学之情，也收获了深厚的师生之情。小学生活即将结束时，宋康面临着一个重要的抉择——报考中学。当时的小学升初中，需要考试和提前填写志愿。宋康的理想中学便是杭州二中，虽一向成绩优异，但宋康心中难免有些迟疑和担忧，因为杭州二中作为杭州市重点中学，报考人数多，分数要求高，并不是轻易便能考入。在一次与老师交谈的过程中，宋康将自己的烦恼告诉了当时的班主任。这时，班主任对宋康说："如果你已经有了目标中学，那就相信自己，报考杭州二中，老师相信你一定能够考上的。"看到宋康仍有些迟疑，老师继续鼓励宋康说："老师带教多年，难道你不相信老师的判断吗？况且，身为老师，我何曾对同学们说过谎话！"班主任的一番话给了宋康莫大的鼓舞和勇气。于是在报考志愿时，宋康的三份志愿都填写了相同的学校——杭州二中。几个月后，录取结果终于出来了——宋康顺利地考入了杭州二中。得到通知后，宋康难掩内心激动之情，登门拜访了班主任，并将这一令人喜悦的结果告诉了老师，老师听到后也为宋康感到高兴。通过这件事后，宋康对班主任感激、爱戴更加深厚，即使到现在，小学班主任已有90多岁的高龄，宋康依旧会在节假日去老师家中看望老师，和老师说说自己的现状，听听老师的建议，或者和老师共同回忆曾经那段无忧无虑的日子。

进入杭州二中后的宋康，一如既往地延续着小学时的积极努力。恰同学少年，风华正茂。宋康在这里学习、拼搏和成长。那时，在碎心湖边上的石凳上，在草坪上，在教室外的走廊里，宋康会和同学们一起晨读，晨读这一道亮丽的风景线，当时被称为"杭州二中的风景线"。老教室，黑板报，嬉笑追逐的走廊，礼堂里呼呼送风的吊扇，条件虽然艰苦，但依旧掩盖不住努力后的快乐。这样的日子持续了2年之后，1966年"文化大革命"开始了。这一时期的宋康作为初中生依然在学校里学习，只是课程不再如常。看不到书的宋康，总觉得生活少了趣味，于是，正值热血的他便和同学们一起悄悄溜进图书馆去看书，在知识的海洋中遨游，看到自己喜欢的书时，时间似乎不会流逝，欣慰地看着宋康无限的徜徉，无拘无束，任由思绪飞扬。就这样，初中时期的宋康在束缚与自由中度过，虽有苦涩艰难，但更多的是悠然快乐。

第四节　上山下乡再教育

1968年12月22日，《人民日报》在一篇报道的编者按语中传达了毛泽东的指示："知识青年到农村去接受贫下中农的再教育，很有必要。"为了响应国家的号召，当时正值青年、满腔热血的宋康报名参加了"上山下乡"运动。

1969年，正值18岁的宋康，怀揣着"报效祖国，到祖国最需要的地方去建功立业"的梦想，第一次踏上了远离城市、远离家乡的征程，这次征程对当时的宋康来说，充满着新奇、挑战和艰辛。

第一次下乡的地方是浙江省富阳市。富阳地处丘陵，是一个"八山半水分半田"的半山区，山清水秀，景色绮丽，"天下佳山水，古今推富春"，既赋山城之美，又具江城之秀，是典型的江南山水城市。初来富阳，景色怡人，心情甚佳，然而万顷良田尽收眼底固然好，但劳作起来，对未做过农活的宋康来说，也是一个挑战。春耕，夏种，秋收，冬藏，每一个季节都有劳作的目的和内容。虽未做过农活，但凭着满腔热血，干起农活来的宋康毫不含糊。春天时，在农民伯伯的带领下，挽起袖子，卷起裤腿，左手拿苗，右手插秧，附和着当地农民伯伯的"插秧歌"，日出而作，日落而归，辛苦而快乐。

一周一次的轻松时间，大概就是放牛的那一天了。牵着牛迎着早晨的雨露，在太阳还未来得及散发出它炽热的光芒时，趁着太阳也"睡眼惺忪"，欢快地走到田间，择一块水草丰富之地，让牛"好好享用"丰厚的餐食，守在旁边的宋康，则会享受这难得的闲暇时光，"映阶碧草自春色，隔叶黄鹂空好音"，或静坐在溪头，看着时间缓流，吟唱着一首欢歌，声情并茂，自由奔放，心融融，意绵绵；或在傍晚时静看"落日熔金、落霞与孤鹜齐飞"的美景。

虽然放牛看似简单，但任何简单的事情想要做好，都要遵循客观规律，讲究一定的方法认真履行。很快，"放牛"这件小事，便给宋康上了生动的一课，"至今回想起这件事，依旧记忆犹新。"宋康回忆道。

那天，天气甚好，阳光明媚，晴空万里，又到了令人兴奋的放牛时间，牵着熟悉的牛，走在熟悉的乡间小路上，似乎一切都一如既往。到了田间之后，宋康便守在牛的一旁，并随身拿起书来阅读，读累了之后，看了一下牛并无异常，且天色尚早，便躺下打了个盹。醒来之后，天色已不早，惊起的宋康，迅速跑到牛旁，这才发觉大事不好：牛吃多了，胀气了。当时作为村里的"宝贝"，牛胀气可不是一件小事。宋康悻悻地牵着牛回到了村里，并如实地和村书记汇报了这件事，做好了随时接受惩罚的准备。令人感动的是，村书记并没有指责宋康，反而耐心地安慰着他，并嘱咐他下次注意即可。胀气的牛，这次是体验到了"贪吃"的苦果，有些烦躁不安。村书记根据多年的养牛经验，果断地对牛使用了"催吐法"：杀了只鸡，然后将其内脏强塞进牛嘴里，不一会儿牛就酣畅淋漓地呕吐了一地，胀气便也好了。"因为以前没在农村待过，当时看到村书记使用的民间催吐法，并且行之有效，我很惊讶，这件事情之后，我认识到，民间的经验往往是通过不断的尝试、反复的实践证实的，所以，此后不论是在学习还是生活中，我都会注重经验的累积总结和合理运用。这次的教训，我是受益匪浅。"宋康说道。

待在富阳短短半年的时间，宋康真正体验到了农民的辛苦不易，见识了贫穷带来的心酸和无奈，所以后来从医的宋康，对待患者从来都是一视同仁，不分所谓的"高低贵贱"，甚至对那些前来就医的贫苦之人，宋康会更加悉心照顾、考虑周全。

富阳下乡半年后，宋康又主动申请去到更加边远的地区——黑龙江省佳木斯市汤原县鹤立河农场。在这里，宋康开始了他的知青生活。

滴水成冰，寒风凛冽，北大荒冬天旷野的风，肆虐地咆哮着，让人感觉寒风刺骨。光秃秃的树木可怜巴巴地耸立在道路两旁，曾经生机勃勃的小草也终于坚持不住，都枯萎发黄了。寒风呼呼地吹着，吹到脸上如同刀割一样疼，出行的人们都戴上厚厚的帽子，穿上了暖和的棉衣。整个世界成了只"大冰箱"，山冷得在"颤抖"，河冻得"僵硬"了，空气也似乎要凝固起来。这样"令人畏惧心寒"的冬天，生长在江浙地区的宋康从未领教过。即使到了春三月，寒冷依旧没有消退的意愿，鹤立河虽开始冰释，但依然夹杂着冰块，劳动的宋康，那时候甚至连一双隔水的胶鞋都没有，需赤脚站入水中劳作，入水不一会儿，刻骨铭心的冷便从脚心渗入心脏，一直进入骨髓，冻得人手脚麻木。外在条件虽然艰苦，但宋康从未抱怨，依旧认真做好自己的工作。

刚到黑龙江后不久，痢疾便在知青中肆虐，那时，宋康也未能幸免。在当地卫生院常规治疗一段时日后未见好转，宋康心中隐隐有些苦涩。可能是由于远离家乡，自己独自一人在外，无亲无故；亦或是生病后人的脆弱，不管出于何种原因，当时宋康的内心是苦楚的。迁延难愈的痢疾，更让宋康感到烦扰。当地卫生院有个中医，对宋康也是颇为照顾，见宋康治疗后未见好转，便建议宋康可以试试中医。这个建议似乎让宋康看到了希望，便欣然地接受了中医疗法。由于时隔多年，当时那位医生为宋康开的处方，具体也记得不甚清晰，但有几味药甚是印象深刻：马齿苋、败酱草、薏苡仁等。服用后虽然痢疾未完全治愈，但症状减轻了许多，腹痛腹泻、里急后重、大便脓血等症状都有所缓解。这次的中医治疗，加强了宋康对中医的信任。所以，闲暇时期，宋康便会去书店看些中医类的书籍，自己也不断摸索着，希望能找到更加对症有效的方药。

因为痢疾未治愈，宋康便申请至当时在长春工作的叔叔家中养病。到了叔叔家之后，叔叔便带他去了吉林大学白求恩第一医院。虽然医院不甚大，但患者很多，医务人员也是异常忙碌。不过，这些都丝毫不影响他们对待患者的态度。即使很忙，他们也是面带微笑，耐心和蔼地对待患者。当时医生见宋康操着一口外地口音，便询问宋康何许人也，知道宋康是南方人时，便询问南方的风土人情，一些轻松的话题让略感紧张的宋康稍稍放轻松了些。入院后的第二天，医生便安排了宋康做肠镜，这也是宋康第一次做肠镜，虽然有些紧张，但有医生和护士们的悉心照料、耐心讲解，便也渐渐安心下来。肠镜结果出来后，宋康被诊断为"迁延性痢疾"。所幸在吉林大学白求恩第一医院治疗一段时间后，宋康病情有了好转，症状也都逐渐消失了。

但不幸的是，痢疾刚好，"失眠"就来了。深受失眠折磨的宋康，又开始了新一轮的求医问药，看了很多医生，吃了很多药物，但似乎都没有对症，失眠并未缓解。"病急"的宋康，那时还没有太多医学知识，甚至自己一人跑至药店，买了冬眠灵（盐酸氯丙嗪），认为冬眠灵即是治疗失眠的药物，吃了几次后，察觉到似乎有些不对：失眠未见好转，反而头越发昏蒙了。好在理智尚在，宋康即刻停用了冬眠灵。但失眠症依旧在深深地折磨着他，令他有些心神不宁、心情烦乱，正在毫无头绪，束手无策时，脑海中忽然闪现了从小接触到的中医中药，这令宋康兴奋不已，似乎又看到了希望，试问这世界能有什么比希望还更令人振奋呢？但当时没有中医知识的他，该如何给自己开药治病呢？书中自有黄金屋，书中自有颜如玉，书籍，能给人带去答案。所以，宋康立即出发，自己去书店找寻相关的医书，有时甚至一待一整天。果然，功夫不负有心人，有一天宋康看到了焦树德的《从病例谈辨证论治》《用药心得十讲》，看到了其中一则治疗失眠的病例，以炒五味子半斤泡酒治疗。这个病例让宋康感到振奋，书中的病例，主诉、症状等和自己颇相似，既然别人吃了有用，那自己试试肯定也会有效果的，兴奋的他随即放下了书，迅速赶去药店买来半斤五味子，丝毫不敢马虎的他，严格按照书上的方法制作，在叔叔的帮助下将五味子炒好，然后用布包起来捣碎，轻轻放入酒中，每日取一小盅饮下，虽然五味子泡酒，味道酸涩，喝起来没有想象中那么"可口"，但有着从小就喝中药的"功力"，宋康还是坚持把它喝了下去。令人惊奇的是，没出半个月，失眠便好了。这是宋康第一次用中医的方法为自己"开方"治疗，而且疗效显著，自己都为之一惊。从此，宋康对中医似乎不仅仅是喜爱了，更添加了一份感激之情。

第五节　逐梦展才浙中医

　　1973年底，结束了东北4年"知青生活"的宋康回到了杭州，并在杭州树脂厂工作。在杭州树脂厂工作的宋康，做过锅炉工、操作工等一系列工作。在树脂厂工作期间，宋康的人生发生了重大的变化——与现在的妻子相遇了。很快双方见了家长，得到了家人的同意和祝福。恋爱后的宋康变得更加积极向上，更加努力勤快。为了与心爱之人相见，宋康基本每天都会去恋人家中，此时的宋康不仅收获了美好的爱情，也遇见了人生中重要的"中医导师"——岳父周佐泉。

　　周佐泉，毕业于英士大学医学系，系西医科班出身。其父周曦光，也是浙江省松阳县的名医，其医术高超，患者络绎不绝，曾在松阳创建了曦光医院，新中国成立前期担任当地防疫站站长，在当地德高望重，颇有名气。周佐泉自英士大学毕业后不久，抗美援朝开始了，在一腔爱国热情的涌动下，他自愿参加了抗美援朝。抗美援朝结束回国后，他继续从事医学行业，出于对中医的热爱，1962年，周佐泉参加了浙江省西学中班，以优异成绩毕业后，进入杭州铁路医院工作。虽是西医科班出身，但学习中医后，深觉中医潜力无限、效果极佳，便时常用中医方法为患者看病治疗，效果显著，口碑甚好，患者也越来越多，至后来，他在中医界的名望远远超过西医之声，遂逐渐放弃西医改为中医。

　　恋爱及婚后，宋康去看望岳父时，基本每次岳父都在为患者诊治，宋康便搬起凳子，坐在岳父身旁，为岳父抄写病案、方药等。岳父见宋康对中医感兴趣，且较有悟性，便时常在空闲时期为宋康讲解。医者不识药，如将不识兵。宋康那时候还未学医，岳父便从中医最基础的开始说起，以便他更好地理解和学习，如中药的功效、应用及其药性药味等。时间久了，宋康对一些基本的中医知识也慢慢熟悉起来，岳父便会拿出较为典型的患者的病案及方药，从患者的主诉开始分析，根据患者的症状、既往病史，辨证为何病何证及对应此证的方药。方药中的方解、君臣佐使的配伍、药物各自的作用及在此方中有无特殊应用等，均会一一为宋康详述。

　　跟随岳父学习期间，患者虽多，但从未见过岳父在患者面前发过脾气，甚至连对患者大声说话也未曾见过。岳父对待患者是这样，对待宋康也是如此，每次为宋康讲解中医知识时，声音也都是温文尔雅，仪态庄重，举止文雅。岳父的好脾气，即使当时作为旁观者的宋康都被感动，他用实际行动诠释着"厚德方能载物"。跟随岳父学习一段时间后，宋康看到了中医治疗疾病的疗效，岳父也常对中医"赞赏有加"，认为中医作为中华文明的瑰宝，要让更多的人真正认识它、爱上它，需要中医人不断地传承、发扬。

工厂工作期间，因为工作认真负责，勤奋向上，宋康逐渐被提升到由技术人员领导的化学实验室。在当时的宋康看来，这是对他工作的巨大肯定，因为化学实验室大多是有学历的技术人员，当时的技术人员颇受别人尊敬和爱戴，宋康也想成为令人"崇拜"的技术员。即使自己已经非常努力，但由于学历的限制，宋康只是成为了三级工人。吃了"学历"的亏，宋康有些难过，同时也认识到了学历和知识的重要性。当时宋康暗暗下定决心：如果能有再次学习的机会，定当全力以赴去珍惜、学习，不断提升自己。果然，念念不忘必有回响，机会很快就来了。

1977年国家恢复高考，宋康听到这个消息后，激动的心情久久不能平复，对知识渴望已久的他，立即报名参加了当年的高考。

参加高考的第一步就是艰苦的备考过程。因为距离中学已经是很久之前的事情了，而且当时正值"文化大革命"时期，在学校上课的时间也很少，算起来初中加高中，也就只读了2年多的书。与过去的惯例不同，1977年的高考不是在夏天，而是在冬天举行的，即当年12月份，距离恢复高考也就两三个月的时间，这就意味着留给宋康的备考时间相当紧迫。尽管时间紧，学习任务重，宋康还是顺利地通过了20进1的初试。虽然之后宋康仍坚持不懈努力，但由于数学、语文基础差，在第一次高考复试时，宋康遗憾地落选了。

落选后的宋康毫不气馁，知道自己的薄弱项之后，改变"统一布网"的复习战略，转换为"逐个击破"战略，为半年后的第二次高考积极准备。当时复习资料特别稀缺，宋康拜托当时在上海的大伯母帮忙购买了"数理化自学"丛书。收到资料后的宋康，立即开始自己的学习方略，因为第一次的教训，宋康每天都会做大量的数学、语文习题；因为当时语文作文分数比较高，所以做完习题后，他都会要求自己每天写一篇作文；对于政治，宋康发挥了自己深厚的背诵功底；因为在树脂厂的化学实验室待了很长一段时间，元素周期表早已经倒背如流，化合式、化合价更是熟记于心，所以对宋康来说，化学是最轻松简单的一门学科。每天完成自己的复习任务后，基本都已经是深夜了。工厂休息期间，为了追求更高的复习效率，宋康都会带着干粮去书店看书，直至书店关门。

果然，功夫不负有心人，经过近一年的刻苦努力，第二次高考时，宋康以优异的成绩顺利通过了高考，其中化学成绩高达90多分；语文、数学、物理等其他科目，也都考了较高的分数。这一次，所有的努力和付出都得到了回报。

宋康的从医之路有些奇特，因为父母及岳父岳母都是西医出身，所以宋康似乎理所应当的成为西医的一员。高考成绩下来之后，宋康首先选择的学校便是浙江医科大学。而年届27岁，因为年龄的限制，宋康被告知无法报考浙江医科大学。由于岳父的影响及自身的经历，宋康毅然地选择了离家不远的浙江中医学院。

"其实，我踏上中医之路并不是件偶然的事情，小时的经历及上山下乡中接受的中医治疗，特别是岳父对我的影响，都为我踏上中医之路做着铺垫。当初一同参加高考的同学，有的报了经济学，有的报了物理学，他们也都劝我学习其他专业，但我就是认定了学医这条路，其他专业从未考虑过。"谈及当初的报考志愿，宋康一脸坚定地说。也许，正如宋康所说，有些事情看似偶然，实则必然。

考进浙江中医学院后，宋康对知识的渴求更加如饥似渴，"上山下乡"的4年时间及5年的工人经历，让宋康十分珍惜来之不易的学习机会。在学习上，更是拿出"务必前茅，势不可挡"的学习劲头。

刚入学的宋康，很快便被中医药文化的博大精深吸引，"阴阳五行""整体观念""木火土金水"等概念，让宋康觉得中医药奥妙无穷，其中的奥秘值得自己用尽一生去探索。但是中医的学习，内容繁多，要学习医古文、方剂、中药、中医经典等，而且这些中医知识都是要背诵的，所以学习的过程其实会有些枯燥乏味，但这种枯燥乏味之后，却是学到的成就感和满足感。背诵的过程也许让人感到枯燥，但学习的方法却可以妙趣横生。自小成绩优异的宋康，能够迅速找到高效的学习方法，如书上的内容太难记，宋康就自己编成歌诀记忆，并从中筛选出重点记录在随身携带的小本子上，随时翻阅，利于记忆。中医很难学，但掌握学习方法和技巧之后，一切问题也都能迎刃而解了。

但学习过程中也会遇到很多问题和困难。与同届同学相比，宋康在年龄上不占优势，背诵能力也不及他们。所以同样的经典条文，宋康要付出更多的努力才能熟记，然而天道酬勤，因为严于律己，学习刻苦，在大学期间，宋康的成绩一直名列前茅。有一次中医内科考试，考完之后的宋康信心满满，觉得自己不出意外的话，拿到满分是没有任何问题的，但结果出来后，令宋康很是失落，虽然自己依旧是班级第一，但因为考试中自己将"平肝熄风"写成了"平肝息风"，一字之错，被老师扣掉了一分，无缘满分。虽然只有一分，宋康依然很自责，不是因为自己无缘满分，而是因为自己不够细心。如果将来步入临床，自己的粗心会贻误患者的病情，甚至更加严重，作为医生，有时候细心严谨比医术高超更加重要！这次小小的考试，对宋康的影响深刻，在以后的考试及临床中，宋康都会记住这个"一分"的教训，以提醒自己要细心严谨。

大学中的宋康，并没有经历过现代大学生的"四部曲"——呐喊、彷徨、伤逝、朝花夕拾。宋康刚进入大学就目标明确、坚定，大学中也是用刻苦学习来丰富自己。目标会给人极大的力量。大学时的宋康，即使学校离家很近，也每天坚持在学校上晚自修，完成每天给自己布置的学习任务后再回到家中。

学习上力争上游的宋康，也发挥了自己其他的优势和特长——出色的组织和领导能力。因为自己平时积极主动为班级、同学们组织多项活动，主动承担学校的各项任务，所以颇受同学们的喜爱，除了在班级中被同学们推选为班长外，宋康在学生会中，也能够权衡利弊，结合实际，统筹兼顾，协调内外关系，做好各项工作，也被推选为了学生会副主席。

第
二
章

名 师 指 引

第一节 医路启蒙自何任

  大学生活中，课堂是最重要的一部分。此时期的宋康也遇到了自己医学之路上的启蒙老师——何任教授。谈起何老，不得不从《金匮要略》的课程谈起。

  《金匮要略》的第一堂课，宋康至今都记忆犹新。那时的宋康在课堂开始前还有点忐忑不安，因为提前温习后才发现，原来中医经典并不是自己想象得那么简单，甚至有些晦涩难懂，宋康开始对学好这门学科有些不太自信。正在宋康有些担忧之时，一位穿着整洁而朴素，面目和善，皮肤白皙，温文尔雅而又神采奕奕的老人走进了教室，站到讲台上后，先是看了看新同学，眼镜后闪动着慈祥而睿智的目光，几道浅浅的皱纹，让人感受不到他经历的风霜。上课铃声响起后，讲台上的他操着带有杭州方言的"杭普"做了个简短的自我介绍："同学们好，我是何任，接下来由我给大家上《金匮要略》这门课……"还没介绍完，同学们的掌声便响了起来，因为同学们很快就意识到，眼前的这位老师，就是大名鼎鼎的何任——浙江中医学院的校长，显然同学们对这位名医的授课异常激动和期待。宋康对这个名字也是异常的熟悉，并且何老还是自己小学同学的父亲，同在老浙大宿舍住着。当时的宋康没有意识到，眼前的这位何老会成为自己中医之路上的灯塔，为自己照亮无数个迷茫黑暗的夜晚。

  同学们都安静下来后，何老微笑着开始了自己的讲课。他为人温文尔雅，讲课却铿锵有力。在《金匮要略》的课堂上，何老常常会结合自己的体会把课讲得生动易解，而且还非常注意按照中医学自身的特点进行教学，并善于从实践中找出规律，加以总结提高。在以后的每一堂课里，何老都会认真备课，并十分讲究授课艺术，深入浅出，语言生动活泼，条理清楚，说理透彻，深受学生的好评。他的课堂上从没有人交头接耳，也没有喧闹声。作为中医经典的《金匮要略》，在何老的讲解下，宋康发现没有想象中的那么艰涩难懂、枯燥乏味了，反而越学习，越感兴趣。在何老的课堂上，上课是种享受和乐趣。

中医的学习，继承是重点。何老常对同学们说："没有很好地继承，怎么能谈得上发扬呢？无根之木、无源之水，还发扬什么呢？"这句话给了宋康很大的启迪：中医要继承，有继承才能谈得上更好地发展。西方著名思想家怀特海的一段话发人深省："生命有要求原创的冲动，但社会与文化必须稳定到能够使追求原创的冒险得到滋养；如此，这种冒险才能开花结果而不至于变成没有导向的混乱。"换句话说，维护中医繁荣和发展的一个最重要的条件就是有一个丰富而有生机的传统。这个传统内纯正权威（中医界古代的张仲景、孙思邈等，现代的何任、焦树德等临床大家）潜移默化的指引是这门学问保持生机和创造的源头活水。西方著名思想家海德格尔也深刻地指出："从我们人类的经验和历史来看，只有当人有个家，当人扎根在传统中，才有本质性的和伟大性的东西产生出来。"从选择中医、步入中医学院的那一刻，宋康就在思考，如何传承好、发扬好中医，自己身上担负着继承、发扬中医的重担，即使力量微弱，也要努力发光，因为自己是中医人，选择了就不会后悔，只求自己无愧于心、无愧于医。路漫漫其修远兮，吾将上下而求索！

求索途中，何老用自己的实际行动鼓舞着一批又一批的中医人，宋康便是其中一位。因为自己被何老课堂上的魅力所吸引，便觉得此人一定有很多故事，对"偶像"的崇拜促使、鼓舞着宋康去搜寻关于何老的一切，原以为何老只需安安静静地做个"偶像派"便可，但奈何实力总是掩藏不住，越了解，越喜欢，越喜欢，越崇拜。都说喜欢一个人是没有理由的，这句话是不准确的，在宋康看来，喜欢一个人是有理由的，有些人是有魔力的，不接触则已，一接触便会"深深的崇拜"，何老在宋康眼中便是这样的人。爱上何老，始于课堂，陷于经典，忠于医品。了解后发现何老对中医的赤诚之心，令人肃然起敬。

出生于中医之家的何老，从小就酷爱中医，童年时期，便已经能够诵读四书、五经及《汤头歌诀》《药性赋》等中医入门书籍。抗日战争时期，何老前往已经沦为日本殖民地的上海学习中医，中间的艰难苦楚自不必说。毕业后，为了让中医学术发扬光大，何老倾心教育，全力传承，辞去公职一心办学，1947在杭州创办了中国医学函授社，凭着简朴生活和夜以继日的工作，陆续编写了《中医内科学》《中医妇科学》《中医外科学》等一系列讲义，用于函授教学，并成为杭州市中医协会第一届主任委员。1949～1955年，何老创办庆春中医联合诊所，任浙江中医进修学校副校长。在教学、临床之际，他以中医第一部杂病学专著《金匮要略》为研究重点，开始了自己成为《金匮要略》大家的探索之旅。1958年，他编撰出版了新中国成立后我国第一部《金匮要略》读物《金匮要略通俗讲话》。此书第一次以白话形式对《金匮要略》原文进行了全面阐释，用浅显的白话表达，使其通俗易懂，并结合自己从事《金匮要略》教学的经验体会，将丰富且又琐碎的内容，提纲挈领地加以归纳，极大地方便了初学者，受到读者的广泛欢迎。1958～1983年，何老任浙江中医学院副院长、院长……大概了解了何老的经历后，宋康思绪良多：这才是一个真正的中医人！当时的宋康还没有预料到，自己的这位"偶像"，随后还在酝酿着"大动作"。1983年起，何老任浙江中医药大学终身教授、主任中医师、博士生导师。1985年，何老编撰《金匮要略提要便读》《金匮要略讲义》两书，为《金匮要略》的教材编撰探索出了一种沿用至今的范式。同年，应日本汉方医界和东京医校邀请，何老前往日本讲学，为日本学者作"《金匮要略》之研究"的学术报告。精邃的研究、丰富的成果、生动的报告，让何老深得日本学者的尊奉与推崇。何老研究经方，也善用经方，主张尽可能使用经方全方。1988年，他当选为第七届全国人大代表，每次赴京参加全国人民代表大会期间，北京中医药大学董建华先生都会邀请他去义诊，当时他主要研究《金匮要略》，北京中医药大学刘渡舟主要研究《伤寒论》，二人被董建华先生称为研究经方的"南何北刘"。1991年，何任主编的《金匮要略校注》《金匮要略语译》两书由人民卫生出版社正式出版，其中《金匮要略校注》获国家中医药管理局科技进步二等奖，并被翻译成日文版，成为日本医生学习中医的教材，他本人也被日本汉方界誉为"中国研究《金匮要略》第一人"。如今，该书成为现代校注《金匮要略》的最权威版本。

当代中医发展史上有两次著名的"十老上书""八老上书"，何老均列其中。1984年，焦灼于中医药事业发展的举步维艰，何老高瞻远瞩，联合山东中医学院张灿玾教授、湖北中医学院李今庸教授、中医研究院广安门医院路志正主任医师等10位当时全国最著名的中医专家，呈书国务院总理，陈述制约中医药发展的严重制度缺陷，恳切希望中央能建立独立的中医药管理系统，成立国家中医药管理局。1986年，国务院成立了专门负责管理中医药事业发展的国家中医药管理局，从此中医药事业的发展有了自己专职的政府行政机构。1990年，何老等8位全国著名中医药专家再次上书中央，恳切呼吁加强国家中医药管理局的职能。"八老上书"得到了党中央和国务院领导的高度重视，不仅加强了国家中医药管理局的职能，一些省、市也相继成立了中医药管理局。何老时刻关注着中医的发展，以中医的发展为己任，这种强烈的责任感，令不少人为之动容。每当有好的政策出台，何老就特别激动，第一次读十七大报告时看到其中有关于中医的发展，提出了"中西医并重"，这使当时已经年迈的何老兴奋得像个孩童，他说："以前资料是'中西医结合'，现在中央明确'中西医并重'，说明党和国家对中医药事业的高度重视。""老牛明知夕阳短，无待扬鞭自奋蹄。"这是何老为浙江中医药大学写的条幅，"养生先养心，养心先养诚"是其做人的准则，高尚的医德、精深的技艺，使何任赢得了社会的普遍推崇与敬重。他以赤胆忠心的中医情怀，凭借坚韧不拔的毅力和孜孜探索的精神，开拓了一条艰苦卓绝的名医之路。这样的何老，怎能让人不肃然起敬！

　　了解这些之后，宋康传承中医的信念又增强了，也许中医之路曲折盘旋，但毕竟朝着顶峰延伸。宋康，作为中医行路人，会用足音代替叹息！信念的力量不容低估，但只有和勤奋做伴，才能如虎添翼。九层之台、起于累土，万丈高楼平地起，枝繁叶茂缘根深。宋康清晰地认识到"基础不牢，地动山摇"。对自己这样没有太多中医基础的人来说，首先要做的就是将更多的精力和时间放在理论方面，现阶段主要的任务就是夯实基础。在何老这位"北斗星"的指点下，宋康扎根中医经典，要求自己熟读和背诵经典。对于中医经典的学习，在理解的基础上背诵。理解是重点，背诵是途径，两者缺一不可。不仅是《金匮要略》，其他经典的学习，宋康尽量遵照这样的方法。经典虽然难背，但熟能生巧，多背几遍便记住了。宋康的口袋里时常装着口袋书，空闲时便拿出来背诵。一日之计在于晨，天还未明，宋康便迎着画眉的歌声，步入校园。清晨的校园，阵阵的清风中带着淡淡的花香沁人心脾。择一块宝地，打开自己的书本，开启了背诵经典的浪漫旅程。有时背诵疲累后，宋康便会依傍在栏杆上，凭栏远眺；或偶遇同学，谈笑风生。每一天的早晨，因为经典的陪伴，宋康都过得充实而有乐趣。

认识的来源和最终目的是实践；正确的认识、科学的理论对实践有巨大的指导作用。认识和实践的关系，哲学上早有论述，中医作为一门"哲学"，亦有着同样的观点。中医的很多理论常常是取象比类，还有不少问题难以口授，需在实践中体会、掌握。如脉象往往是"心中了了，指下难明"。所以何老在教授学生掌握中医基本理论过程中，常结合自己的临床实践，并建议他们早临床、多临床，在临床中加深对理论的理解，同时丰富自己的临床经验，理论与实践相结合。毕竟学习中医理论的最终目的是应用于临床。虽然本科期间，临床的机会比较少，但宋康只要一有时间就会和同学们一起去医院见习。

　　渐渐接触多了，中医课程上的也多了，宋康发现，作为一代《金匮要略》大家，何老应用经方非常娴熟，用药味少而效宏。"经方用药，须有严格规律"，何老说，"用大承气汤就得按'四黄、八朴、五枳、三芒'的比例。如果少其中的芒硝，那就不能说用大承气汤，而是用小承气汤。在临床中，要么你就准确地运用经方，有针对性的辨病、辨证；要么就不要说你用经方，只能说是个人的经验方。比如泻心汤，某一味药的用量加大，为主药，就分为半夏泻心汤、生姜泻心汤、甘草泻心汤等，而各方中亦有一些增损，但各有其适应证，不可混用。"何老辨证组方的严谨、临床中的细心，都令人钦佩。宋康至今还保存着一张何老治疗咳嗽的经验方：润肺平喘汤。组成：北沙参9g，麦冬9g，五味子4.5g，薤白9g，全瓜蒌9g，姜半夏9g，陈蒲壳12g，冬瓜皮12g，川贝母1.5g。适应于慢性支气管炎、肺气肿、肺结核等所致的喘证，属于阴虚气逆者。此方结构严谨，君臣佐使兼备，主治阴虚气逆，咳喘诸症。

　　学无止境，智者从来不会自满，只会不断地学习，丰富自己。何老每天都要抽出时间读书，或是练字，抑或画画，也许忙碌一天后，这是给自己的犒劳，是留给自己与自己独处的时间，在独处的时间里，自己是无拘无束、无忧无虑的，就像回归了人的本原，人，本该如此。即使再忙，何老每月都要撰写论文，与其说是对自己的要求或者自律，不如说是自己的一个习惯。习惯，一旦形成就不容易改变，好的习惯，会成就人，是成功路上不可或缺的重要因素。何老的论文，至今已发表数百篇。《浙江中医药大学学报》从1977年创办以来，每期都有何老的学术论文刊出，30年来从未间断。宋康深受影响，虽然以前也是爱读书，但是有了榜样后，更加勤奋，不管是在学校，还是以后的临床中，宋康都会放些书籍在自己身旁，闲暇时翻开书，让身体放松，精神愉悦；工作后的宋康也不忘向何老学习，对何老的讲座、授课等，只要自己有时间便会赶去。

何老不仅中医造诣精深独到，而且广涉艺林，志趣高雅。他喜欢金石书画，赏景品茗，皆入三昧。2008年，杭州市重修西湖边的玉泉景区，特邀何老书写"皱月廊"匾，悬挂在玉泉鱼池左廊上。此外，何老的古典诗词造诣颇深，可圈可点者甚众。何老不朽，因为他已融入了千年不衰的祖国中医药事业之中！

几十年来，何老在中医药园地里辛勤耕耘，成绩斐然，培养了一批又一批中医人才，他们各自在中医的星空中发光发亮，为中医学默默无闻地贡献着。1981年10月8日《浙江日报》第四版以"献身于洁白事业的人"为题，报道了何老的事迹。他虽年逾古稀，仍壮心不已，不知疲倦地奋战在中医教育、医疗、科研战线上。"老牛明知夕阳短，无待扬鞭自奋蹄"，是他为浙江中医学院外宾接待室所写的条幅，也是他晚年生活的真实写照。何老说："我一生从医，清简如水，没有遗产，'微名'又如烟。我要留，就要把自己一生对中医研究的成果写出来，留给后代，造福人类，这是我最大的遗产。"感谢何老为我们留下的巨大财富，让我们受之不尽。

第二节 名医云集勤学习

那时的浙江中医学院（现浙江中医药大学）虽小，却名医云集。所以大学时期，除了何老，还有不少名医对宋康产生了不可磨灭的影响。

教授宋康"中药学"的老师，是林乾良教授。林老所获荣誉甚多，细算下来有87项之多：从"世界杰出华人"到"中国书画年度人物"，从"当代杰出收藏家"到"中国骄傲"，从"感动中国文化人物"到"台北故宫书画院名誉院长"……他还当选过"国学达人"，在榜单上位居第一。有句话说得好：不想当达人的文学家不是个好老师，大概就是用来形容林老的吧！林老，爱好广泛，旁涉十大领域，即医药、篆刻、书画、教育、历史、文学、音乐、茶文化、戏剧和收藏，遍及文、理两科及诸项才艺。他可以在几所大学讲授不相干的学科。至于中西医各门课，他也全讲过。后来他还到海外去讲京剧、讲汉学。这样一位全能教授，在中国医学界，恐怕也是独一位。林老师业医而酷爱篆刻、书画，他曾先后拜著名书画家沙孟海、韩登安、陆维钊、吴茀之为师。他是具有百年历史的印学社团西泠印社的资深社员，在书画界被尊称为"西泠五老"之一。杏林印艺，虽渺小，却颇有一点卓然独立之意，用来形容谦卑的林乾良教授也很恰当。台湾学者曾称他是"精通三大国粹之人"。所谓"三大国粹"，指的是金石书画、中药与京剧。这样一位才华横溢的老师，在课堂上常会将其他领域知识与中医相结合，使课堂内容更加丰富多彩，趣味盎然，同时加深同学们对中医知识的记忆。林老授课本领之高强，口才之好，中医学院众多老师中也无出其右。且林老经常教导同学们学好中医的同时，不要忘记发展自己其他的兴趣爱好，以便更好地弘扬中国文化。所以，在林老的影响下，即使学业、工作繁忙，宋康也不忘丰富自己，学习其他中国文化，拓展其他兴趣爱好，对棋、书、画也有一定的研究。

林老教学严谨认真，倡导中西医结合、专业边缘学科结合、理论实践结合、深入浅出结合、严肃活泼结合、重点一般结合。他严谨的内容、抑扬顿挫的声音、生动幽默的语言、优雅得当的手势，使课堂上气氛活跃，充满活力和吸引力，学生们都喜欢听他讲课，佩服他的讲课艺术。同时，林老也是医生里写字最好看的，在书法家里是医学本领最强的。在他的课堂上，好板书从来不会"缺席"，他写着一手秀气的汉字，他虽然颇擅篆隶，但哪怕是用粉笔写字，也是典雅秀气。宋康和同学们不仅刻苦学习中医，也经常向林老请益。

林老的才华与勤奋造就了他自己，同时也影响着一代又一代的学生，让他们的人生更加丰富多彩；他的品德与善诱又泽被众多的学生。宋康，作为他的学生，在他的课堂上不仅学习了中医知识，也拓宽了眼界，丰富了自己的兴趣爱好，能跟着这样一位老师学习，宋康颇感荣幸！现在桃李满天下的林老，身体依旧硬朗，"80后"的他仍在不断用心钻研、努力工作。他说："我总希望多学一些，多干一点，在人生的道路上载满鲜花。"他有着阳光般的心态，"活到老，学到老，这已成为我的习惯。"研国学，藏印章，集三笺（诗、信、方），做镜痴，林乾良一生游于艺，仍如少年般在学海中奋进不已，以弘扬中国文化为己任。

中医学院的5年里，授课老师都是名医或"大师"级别的人物，在这些名医的指导下，宋康受益匪浅。

教授宋康"中医内科学"的是吴颂康教授。吴老，在当代名老中医中，是所谓"科班"出身，业医数十载，精研经典，谙熟各家学说，对中医理论的研究更是精深。其临床功底深厚，疗效卓著，对内科、妇科、血液病等疑难杂证治疗均有独到之处。在常见的消化系统疾病中，以胃痛较常见。据此，吴老提出了标本兼治的药方，命名为"胃灵'，由药厂按方配制，经临床应用，效果甚佳，目前已投入市场销售并列入国家药典。

在内科学课堂上，吴老的中气很足，声音抑扬顿挫，常博引旁征，融古通今，独具匠心。课堂上的他，时常告诫学生要读前贤之作，要多借鉴历代先贤之验例。尤其是近代医著，如程国彭的《医学新悟》、叶桂的《临证指南医案》和雷丰的《时病论》等，并且吴老认为辨证必求于本，而本就是八纲，就是脏腑，不论疾病如何复杂或如何简单，都要辨清寒热、虚实、阴阳、表里以明确病性；辨清脏腑所病，而落实病位所在；只有这样，医生诊治疾病的基本思路才不致引入歧途。全面仔细的四诊是正确辨证的保证，吴老认为正确掌握疾病的临床症状是诊断用药的关键所在，所以他特别强调能否在错综复杂的临床表现中发现主要证候是评价一个医生水平高低的重要因素。平时他会教导学生辨证施治重在辨证，而正确的辨证来源于对疾病证候的全面了解，一个中医师必须具备熟练的四诊技能，还要在临床中详尽询问病情症状和发展过程，参合四诊各方面的证候才能做出正确的诊断。所以吴老经常强调在临床时一定要专心致志，严密仔细，任何疏忽和遗漏都可能成为误诊的原因。吴老常讲治病如同与敌人作战，中医治病讲究理法方药，理是战略，法是战术，方药是武器。辨证立法正确，只是有了正确的战略技术，要取得胜利还必须有"枪支弹药"。所以在临证中需选方准，用药精，同时博采众长，凡临床验证有效的方剂，都可以拿来应用。此外，吴老常告诉学生，临床疗效是检验学术理论的最好标准，一个好的中医师不但要学习、领会前人已取得的学术思想和临床经验，还需在临床实践中不断从疗效的好坏来验证、分析、总结，提高自己的理论素养。通过吴老的课堂和学习吴老的临床经验，宋康明白了辨证论治、精准用药的重要性，对其以后在临证中重视辨证、精准用药有着重要影响。

课堂上的吴老让人敬重，生活上的吴老更加令人敬佩。吴老屡患重病，如1975年因中风致左半肢瘫痪，1980年又一次小中风，1986年直肠切除，他却以高度的革命乐观主义精神和坚持体育锻炼战胜了病魔。虽年近古稀，依然站在教学与医疗第一线，为开拓中医事业和培养接班人而勤奋工作。他关心中医现代化，曾在《中医现代化刍议》一文中指出："摆在我们面前的任务，是如何更广泛地利用其他学科的知识来研究中医、发展中医"；并强调说："在研究工作中不能简单地摒弃或忽视整体观念、辨证论治这个原则……这是揭示中医治病本质的需要，也是中医现代化、走向世界的需要"。吴老作为中共党员、中国农工民主党浙江省委常委、浙江省政协常委和原浙江省中医学会内科学会主任委员，在历次会议上，无不宣讲中医现代化的重要意义。吴老情系中医，强烈的中医使命感深深感动着宋康，这种精神，一直刻在宋康心中，不断地影响着宋康。

吴老既善于工作又热爱生活。他多才多艺，青春年少时曾是足坛名将，台球、乒乓球的球艺高超，又是弈林能手，还喜爱京剧，拉得一手好京胡，"文化大革命"后重病缠身。幸以不挠的毅力，坚持运动，战胜病魔，照常上课。现虽已仙逝，但其为中医所做贡献，仍造福着一代又一代的中医人。

宋康"中医儿科学"的老师是首批国家级名老中医之一的詹起荪。詹老在课堂上，常引经据典，深入浅出，引人入胜，并联系临床，传授心得，令人叹服；同时能做到为人师表，一丝不苟地对待每一堂课；凭着自己深厚的理论与实践功底，对讲课内容反复钻研，全面理解，记熟要点、重点，融会贯通，讲课脱稿，不照本宣读，以加强教学效果；在教学和临床中，把自己积累的临床经验，毫无保留地传授给后学，深受学生们的爱戴。

詹老在课堂上常谆谆教导学生：一是，在儿科病的诊断和治疗中，一定要从小儿的生理、病理出发。一方面，小儿脏腑娇嫩、形气未充，如嫩芽初生，稚阳未充，稚阴未长。发病后易虚易实、易寒易热，用药过重，稍有不当，极易损伤脏腑功能，并可促使病情剧变。故儿科用药应较成人更为精简轻灵，毋事过剂，免伐其方萌之气，用药必须及时、果敢、审慎，掌握有利时机，因势利导。对大辛、大热、大苦、大寒、有毒、攻伐、腻滞之药，必须慎用，需要用时，应注意中病即止，不可过剂。而不应企图以重剂、峻猛之药以见奇功。二是，不忘脾胃之本，注意鼓舞、顾护脾胃之气。詹老常告诫学生顾护脾胃为要，特别是小儿脾常不足，不耐过量重剂，而小儿生长发育全赖脾胃生化之源，百病亦以胃气为本。鼓舞者，因"脾具坤静之德而有乾健之运"，脾的功能主"动"，其运化功能主要依赖于脾气的作用；而小儿本身包括脾胃又处在不断发育健全的"动"态之中。故应注重其"动"的一方，鼓舞脾胃之气，使之生化有济。如治疗小儿厌食，詹老常用健脾醒胃扶运之法，强调一定要辅以疏通气机之品，如陈皮、川朴花、藿香、木香、枳壳、大腹皮等；治疗脾胃虚弱证或其他慢性虚弱病证，切忌呆补，亦应注意拨动胃气，斡旋脾机，以增强脾胃接受药物的能力，使药物充分发挥作用。顾护者，因小儿"脾常不足"，运化力弱，而生长发育所需的水谷精微相对较多，在这一矛盾中，詹老认为矛盾的主要方面在脾胃之气，若脾胃之气正常，则生机蓬勃。否则无论外感、内伤，均易致脾胃运化失职，诸病丛生，故还应注意其"不足"的一方，时时不忘顾护脾胃。异功散、六君子汤、钱氏七味白术散、参苓白术散等是治疗小儿脾胃病的常用方。其他疾病的遣方用药，亦勿忘保护脾土。三是，量轻味薄、悦脾和中之药，往往能轻清鼓舞、活泼运机，使脾胃受益，促使病愈。小儿生机蓬勃、发育迅速，脏气清灵，随拨随应，对药物的反应迅速灵敏，故治疗如能借助生机，因势利导，调动其内在因素，轻轻疏拨，调偏协正，则用药容易为功。四是，强调饮食调摄，以顾护脾胃。针对目前许多独生子女饮食不节的状况，詹老常告诫父母，脾胃毕竟不是器皿，水谷需经脾胃之腐熟运化，方能变为气血精微，而被吸收利用，如不顾小儿脾胃的承受能力而悠食，不仅水谷不化精微，反为痰饮浊邪，实为中肯之言。五是，儿科用药宜精炼不杂、平和纯正、量轻味薄。詹老认为，儿科用药力求精炼，方专而药纯，否则药力分散，甚则相互抵销而影响药物疗效。对此，必须辨证准确，抓住重点。如小儿风热感冒可有咳嗽、呕吐、泄泻、抽搐等症同时兼见。詹老常抓住其外感夹食滞的病机，治以疏宣运滞之法，药到病除。小儿脏腑娇嫩，形气未充，用药不当，极易损伤脏腑功能，故用药应平和纯正，于稳妥之中求变化，于平和之中见神奇。儿科临床用药量轻，一般量为4~6g，重则9g，如黄芩、木香、枳壳、蝉衣、玉蝴蝶等，若药量过重，则药过病所，克制胃气，反而有害。詹老多喜择质轻味薄之品，既不损伤正气，又能灵气机、醒脾胃，且煎成汤剂，苦味不甚，小儿易接受。六是，课堂上的詹老，常结合自己的临床实际，由浅入深地为学生们讲解，并且对于小儿腹泻，略述自己在临床中的诊疗思路及不同分型的不同治疗，对于小儿腹泻有着独特的见解，詹老常对学生说：小儿稚阴稚阳，脾常不足，肝常有余，体内阴阳之动态平衡及肝脾两脏之相互制约的生理关系处于相对不稳定状态，稍有偏颇则脾易虚而肝易旺，加之小儿神气怯弱，见闻易动，大惊卒恐，每易导致肝木亢旺，乘侮脾土，脾失健运，乳食不化而致泄泻。鉴于脾虚肝旺为惊泻的主要病机，詹老在临床中常用健脾扶运、柔肝镇惊为治疗本病的基本法则；并且对于治疗小儿腹泻，常用的五法为宣化分运法、柔肝镇惊法、健脾扶运法、消食导滞法、疏宣运滞法，临床疗效甚著。通过对詹老经验的不断学习，宋康对儿科疾病的辨治有了初步的体会和感悟，同时也对宋康日后在临床中对患儿的诊治有着指导意义。

除学校中受到了很多名医的指导，实习期间宋康也遇到了值得铭记一生的恩师。那时候宋康5年大学生活即将接近尾声，常在课堂、书本上学习的宋康，很期待自己能够快速地走进临床，在临床中与疾病"斗智斗勇"。很快，实习生活开始了。宋康服从学校的安排，被分到了当时的拱墅区人民医院，跟随马树棠老中医抄方学习。马老，虽然没有著书立说，但其临诊经验极其丰富，看病疗效显著，患者也非常多。跟随马老学习的一整年里，宋康受益良多，并为日后打下了坚实的中医临床基础。

因为马老的患者比较多，宋康会早早地到达诊室，整理准备好马老看病要用的东西，静静地等候马老和患者的到来。当时马老所在的中医科，可见各科杂病，妇科病、儿科病、老年病等都很常见。所以通过一年的抄方学习，极大地丰富了宋康对各科杂病的整体认知。

马老对患者总是一视同仁，想患者所想，急患者所急。马老的患者较多，其中不乏很多农民、工人等，那时候还没有医保政策，医药费用尚不能报销，所以马老开的药方都比较轻巧价廉，保证疗效的同时，也会考虑到患者的经济状况，对一味迎合患者心理，乱开补药、贵重药的不正医风也是深恶痛绝，自己始终保持着简便廉验、讲求实效的医疗作风。马老不但医术高超，且医德高尚。他秉性正直，平易近人。由于马老精湛的医术，全国各地前来求治者甚多。无论就诊时多忙，他总是态度和蔼，详询病情，认真负责，从不草率从事。对患者病史、证候都会细致地询问，像个侦探一样，不会放过患者诉说的有关疾病的任何细节，然后稳、准、狠地抓住患者"病根"，对症下药，让疾病无处可逃。常有路远、体弱的患者加号延诊，马老不仅不会责怪、生气，还会时常安慰心有内疚的他们，马老了解他们，知道他们的不易，自己延迟点时间、吃饭晚一点都没什么关系，只要患者疾病能够治愈，便是他最大的欣慰。

效方守之。因为马老医术高超，患者时常会来复诊。复诊时，马老会详细地询问上次吃药后还有何症状，有无新的症状出现，如果主要症状均得到缓解，马老会在原方的基础上再酌情加减一些治疗次症的药物，而不会更换原方。马老认为若首诊时的药方对症，便可不必再去变更，可给予原方以巩固疗效。对于患病日久的慢性病患者，马老亦注重"守之"，病来如山倒，病去如抽丝。对于病久的患者，常不是一两剂中药便能治愈的，需要服用一段时间，才能更好地去除疾病，这时患者要遵医嘱坚持服药。对于医者，马老认为，只要药方对症，可用此方"守之"，以便达到更好的治疗效果。

　　跟随马老学习的时间里，双方接触得多了，了解得便也多了。很快，马老见宋康基础扎实，聪颖好学，年少有志，很是器重。宋康也与马老朝暮相随，聆听教诲。

　　宋康悟性极高，白天随师侍诊，在案边细心查看，揣摩处方用药的意图。晚上学习理论，专心致志，一丝不苟，同时整理医案及跟师学习笔记，悉心体会，反复琢磨马老辨证论治和用药规律。并结合临床不断温习《药性赋》《黄帝内经》《伤寒杂病论》《温病学》等经典，同时还对《中医内科学》《方剂学》《中药学》等各科有了进一步的理解和感悟。通过一年的实习学习，宋康不断总结出了马老治疗各科疾病的经验，并受到了马老的鼓励和表扬。由于宋康勤奋好学，马老逐渐被他这种强烈的求知欲所感动，常利用闲暇时间，单独为宋康讲解中医经典条文和典型案例，同时将自己平素积累的经验，毫无保留地传授给宋康，一病一证，一方一药，融入其中。马老的师恩、师德宋康铭记于心。至今，宋康对内科杂病有自己的见解，且治疗效果明显，这都离不开当时马老的教导。

　　不计辛勤一砚寒，桃熟流丹，李熟枝残，种花容易树人难。幽谷飞香不一般，诗满人间，画满人间，英才济济笑开颜。三尺讲台站八斗学士，学士含辛育学子；一尺课桌载千秋之梦，千万银丝托伟业。老师，是令人尊敬的伟大职业，纵然岁月会重新塑造容颜，但每谈及自己的大学生活及恩师们，宋康的怀念、感激之情溢于言表。

第三节　继荪学术一脉承

　　本科毕业后，宋康顺利地进入浙江省中医院，并有幸成为杨继荪学术思想继承人之一。当时杨继荪为浙江省中医院院长；葛琳仪为科室主任；徐志瑛教授负责临床带教，主持科室秘书和院内常务理事工作。这样一个"大咖"云集的科室，对实习生及刚入科的医师都有着严格的要求和训练。科室会每周定期安排学习，并让各个医生轮流讲课，讨论疾病的治则治法、治病思路等。在这里，宋康受到了前所未有的、最严格的中医训练，涉及所有临床事宜，无论大小，皆要求严格。例如，书写病历。刚入科时，科室要求每位医生都要手写大病历，且书写完成后，都要给葛琳仪主任检查。记得有一次，葛琳仪主任检查完宋康书写的病历后，严肃地对宋康说："这份病历要重新书写。需要改进的地方，也已经给你标记出来了。中医的病历，必须要按照中医的格式写，理法方药、辨证论治都要齐全，最后再补充些西医的知识。"就这样，一份看似简单的病历，宋康就抄写了三遍。经过这次事件之后，宋康每次书写病历都会倍加仔细，写完之后会再三检查，以防有误，检查完毕后再上交给葛琳仪主任，请她批评指正。同时，这次事件，也让宋康对"医学无小事"有了更深的体会。

在科室中，除葛琳仪主任外，徐志瑛教授也如姐姐般教导着宋康。当时的徐志瑛教授在杨老指导下，主攻呼吸系统疾病的研究，并通过多年的努力，使得浙江省中医院成为全国肺心病协作组长单位。她擅长运用中西医结合防治急慢性支气管炎、慢性阻塞性肺疾病、支气管哮喘、支气管扩张和肺间质纤维化等呼吸系疾病。在临床中，徐志瑛教授善于针对各类疾病的临床表现特点，制定切实有效的治疗方案，她常教导宋康："治病必求其本，辨证时应善于从纷繁复杂的征象中审理出病变的本质与疾病的根源，并合理、灵活用药。同时，疾病在不同的发展阶段，治法往往不同。"她常结合临床病例为宋康讲授其临床治疗的思路、治疗的结果。对于中西医结合治疗疾病，徐志瑛教授常对宋康等说："传统的中医辨证是从宏观上进行的，通过搜集四诊资料，采用直观和类比归纳的方法认识疾病，现代医学是微观的，从病因到病理的变化，两者有相同性和不同性。所以在治疗上，应从整体出发，强调人体内部的协调性和人体与外界自然环境的统一性，结合四诊八纲、六经分证、卫气营血、三焦辨证的互补，不断地吸取和接受历代各学科、各医家学说的经验，结合现代医学的病理学变化和现代的各项检查融化在中医学术之中，达到宏观与微观的结合，使疾病得到缓解和痊愈。"

徐志瑛教授以身作则，教导宋康等年轻医生临床与科研相结合。20世纪80年代初，徐志瑛教授首举"冬病夏治""冬令调治"，按整体和阶段调理，达到缓解甚至治愈疾病的目的，从而提高患者的生活质量。同时，她对科研也是孜孜以求，20世纪80年代初，主持"慢性肺心病缓解期冬病夏治临床研究"课题，获得浙江省医药科学技术进步奖二等奖；从慢性阻塞性肺疾病发作期和缓解期的病理特点研究，提出慢性肺源性心脏病阴阳转化的机制，完成"慢性肺源性心脏病阴阳转化征的研究及清热养阴的应用"课题，获得浙江省教育委员会科学技术进步奖三等奖。此后在"冬病夏治"的"夏治一号"基础上组成肺心固本冲剂，集益气、温肾、清热、活血诸法于一体，"益气温肾清热活血法对COPD肺功能保护作用的研究"，获浙江省中医药技术创新二等奖。

　　在临床中，杨继荪教授、葛琳仪主任及徐志瑛教授总会提醒宋康，善于总结才能学习到更多。于是，每天下班后，宋康都会花些时间总结。今天学到了什么，遇到了哪些病情复杂的患者，是如何治疗的，效果如何，有没有更好的治疗方案。宋康会将所学、所悟及所惑都记录在笔记本上。同时，在闲暇时，宋康也会去查找资料，研究医案，不断地丰富自己。

　　除了严于律己、勤奋好学，当时的宋康作为杨继荪学术思想继承人，每周会定期去杨继荪院长家中学习。那时候杨老已是古稀之年，但仍坚持亲自教授培育年轻医生。考虑到杨老的年龄、身体等情况，宋康和蔡宛如、黄琦等决定每周一同前往杨老家中学习，让杨老免受来往之苦。

　　每次他们到达杨老家中时，杨老都是整装等待他们的到来，待他们休息片刻后，开始向他们讲授一系列临床上的知识。杨老的房间里，最醒目的便是各类书籍，《黄帝内经》《难经》《伤寒论》《金匮要略》《古文观止》《史记》《易经》《本草纲目》等经典著作，金、元、明、清诸家论著和近代医家学说医案等应有尽有。

　　杨老常告诫他们说：从医要严谨灵活，师古不泥古，中医治病，贵在辨证，而辨证的关键，在于掌握疾病性质和临床演变规律，立方下药，才能有的放矢。杨老时常结合自身在临床中遇到的疾病，讲述诊疗思路，如何"审症求因，治病求本"，以及治疗后的效果如何等。杨老的言传身教、理论联系实际的教授方式，使得原本看似"枯燥"的过程，变得形象而具体，令人记忆深刻。

　　杨老医术之高明、理论之深刻，令宋康深深敬佩，至今宋康都还记得杨老对慢性肺源性心脏病诊治的独特经验。首先杨老对该病的病因病机的有着自己的阐发和认识，他教导宋康等一众学生："此病不外乎痰由热生、瘀化痰水、本虚标实三个方面；对于该病的诊治，要明确分期：急性发作期与缓解期治疗原则不同。急性发作期时，以急则治标为原则，予大剂清热为主，结合祛痰法，清泄痰热，同时根据病情配伍养阴生津及活血化瘀药物。"杨老认为，肺性脑病是肺源性心脏病死亡的主因，急性期的治疗必须采用中西医结合措施。缓解期时，以治本为原则，辨别患者病因病机施以不同治法，如肺卫不固为主者，益气固卫，常用玉屏风散、参苏饮为主，重用黄芪；气阴不足为主者常以太子参、生晒参、西洋参清补为宜；肺阴虚及肾阴不足者，予生地、山萸肉、女贞子、龟板、五味子、冬虫夏草等滋肺补肾之品；脾虚生痰者，以扶中化饮为主，药选四君子汤合紫菀、冬花、白前等；肾不

浙江中医临床名家·宋康

纳气者，用益肾纳气之法，多选用紫石英、五味子、巴戟天、紫河车、仙灵脾、仙茅、肉苁蓉、炒牛膝、鹿角胶、菟丝子、海狗肾等；脾肾阳虚，肾虚水泛者，则常予温补脾肾，活血利水之方药。杨老对肺源性心脏病的治疗经验和见解，为后来宋康在临床中成功治疗众多肺源性心脏病患者提供了重要帮助。

对于咳嗽，杨老常结合自己多年的临床经验，为他们讲解。杨老常对宋康等人说："咳嗽，无论是外感新起之咳嗽，或是新感引动宿疾呈急性发作之咳嗽，皆是由于感受外邪，表邪不解，循经入里，郁而化热，引进而引起咳嗽、痰多、咳痰不爽、质黏、痰色白或黄等临床症状。"故杨老认为痰与热之间存在着因果关系，并认同前人"痰能生火""火能生痰"的论述，因而在临床中形成了清热解毒法治疗咳嗽。药店中常见的止咳药复方淡竹沥和清热止咳糖浆，即是杨老根据清热解毒之法总结而成。杨老对咳嗽的治疗，给了宋康极大的启发。宋康在临床中常用的清热解毒治咳之法即源于杨老。

对于其他内科疾病、各种急性病症和老年病，杨老也都有着独特的见解，也会时常说与宋康他们听，并让他们做出自己的分析，然后再说出自己的分析及诊治。譬如，杨老运用活血化瘀理论来治疗急性病症和老年病，效果甚佳，对日后宋康应用活血化瘀之法治疗急性病和老年病有着借鉴和启迪意义。

在治病过程中，杨老时常体现出"融伤寒、温病于一炉，集各家之长而活用，师古不泥古，创新不离宗"的风格。杨老也时常嘱咐宋康他们这些年轻的医生："不为良相，便为良医"，选择了从医这条路，就要对患者负责。趁着年轻，要时刻严格要求自己，对中医要继承，也要创新，要博览求深，学以致用，并希望他们能够"青出于蓝而胜于蓝"。杨老说对于中医的继承，必须学习古典医著，钻研各家学说，吸取前人的经验，使古为今用。杨老也会告诉他们一些自认为比较好的学习方法，他常常引用朱熹的话说："读书之法，在循序而渐进，熟读而精思，未得于前，则不敢其后，未通乎此，则不敢志乎彼，所以对中医经典的学习，最好能根据其成书时代的先后逐步深入，由表入里，由浅入深，循序渐进。对需要精读的经典著作，应当提要领、钩主旨，掌握全书的主要内容和精神实质，通过做笔记加强理解，加强印象、记忆，还可以用它来驾轻就熟地进行复习，做到勤钻结合。"杨老强调说："学习上最忌一曝十寒。"只要有镵而不舍的精神，专心致志，持之以恒，学习上就会由量的积累到质的变化，到用时便会有"茅塞顿开""豁然开朗"的感觉了。杨老不仅要求宋康等人学古用今，同时还教导他们重视中医与现代医学相结合，利用先进科技、仪器武装中医。他认为，许多疾病只有明确诊断，才能采取准确无误的治疗，而先进的仪器和设备就是为准确无误的治疗服务的。任何可以帮助到诊治的手段，都可以一用，而不应该有所偏见或拘泥。如现代医学的生化学、影像学和细胞学、组织学等先进检测方法，使以前无法诊断的疾病得以确诊，从而可以得到早期或有效的治疗。如无症状肝炎、肾炎、心肌炎的诊断；消化道患者的内镜检查、病理切片；以及X线、CT、B超、多普勒血流图等检查结果，均可参作中医临床诊断，作为中医诊断学的延长，要善于将现代医学的微观世界与传统医学的整体观念结合起来。中医和西医，在医学理论方面截然不同，然诊治的对象均是患者，必有相通之处，可以相互借鉴。

杨老除教授他们临床知识和经验外，还时常鼓励他们博览群书，注重文学修养。他时常枚举一些历代著名医家通晓百家学说，工诗善文，博学多才的事例。博学才能多识，多识才能让自己的生活更加丰富多彩，人生更加有趣。杨老鼓励学生这样做，自己也是这样做的。他时常也会在空闲时间翻阅古书或现代书籍，自己对"四书""五经"等诸类文学皆有浏览，对金石书画亦颇有研究，常勤于书画，挥毫惟妙挺秀。

对于宋康这些年轻的医生，杨老既关爱有加，又非常严格。他可以不顾疲劳，在诊疗之余撰写讲稿，总结病历，力求让他们能够更好地理解和学习。但对于他们常出现的问题，即使是一些很小的细节，杨老也会要求他们改正。

对于患者，杨老要求他们平易近人，专心耐心，对患者一视同仁。杨老时常对他们说："对待患者要做到官民一致，贫穷与富贵一致，认识与不认识一致。"给患者治病，贫穷富贵一视同仁，无论给谁看病，他都是一律平等相待。恰如1988年时，浙江地区肝炎暴发，当时医院专门腾出病房作为肝炎隔离病房，市民对肝炎也是谈之色变。但杨老家经常有来自农村的肝炎患者上门，杨老就在家里给患者看病，大家都担心杨老会被传染。杨老说："患者已经上门了，哪有医生拒绝患者的道理。"还有一次，他为省军区某领导看病，军医对杨老说："这位是领导，药请用得好一点。"杨老当时就直爽地说："你我都是医生，医生是以患者为对象，应以病用药，不能以职务高低选药。只要对症，哪怕三五毛钱的药也能取效。"他用自身实例为宋康等做榜样，同时嘱咐宋康等在临床中要细心细致，以患者为要，注重细节。如写完处方后，还需要详细写明中药的煎服方法，以及中成药的组成、主治、功效等。认真、客观、负责的态度，对患者有益，就是对自己有利。在杨老的影响下，时至今日，宋康无论坐诊多么繁忙，都会花些时间告诉患者如何煎服中药以取得更好的疗效，并会亲自教他们使用一些药物的方法。

杨老在漫漫中医发展史上，无疑是一颗璀璨的明珠。作为全国首批五百名老中医药专家之一，现代著名中医内科临床学家的他，从医60余年，博采精思，深究各家学说，取诸家之长，继承先贤而不断创新，学验俱丰，医理并茂，在中医药基础理论、临床诊疗、科学研究方面做出了卓越的贡献。在中医药教学工作方面，杨老坚持理论与实践并重，医教合一，以丰富教学内容，提高教学质量。杨老治学谨严有序，推崇求实精神。同时，他认为，中医、中药唇齿相依，中药剂型改革是促进中医药事业发展的重要举措。在担任浙江省中医院院长期间，他明确提出"发扬中医优势，开展中西医结合，取长补短，办成一个临床、科研、教学三结合，具有现代医学科学水平的中医院"的办学方向，将中西医学兼容并包。"融会中西医学，贯通传统现代"，正是他一以贯之的理念。

杨老虽已仙逝，但他这一生为中医药事业培养了一批又一批的接班人。葛琳仪、徐志瑛、潘智敏、裘昌林、宋康、罗秀素和蔡宛如都是国家级或省级名中医。葛琳仪、徐志瑛、潘智敏等已成为新的杏林泰斗，宋康、蔡宛如、黄琦、魏佳平等也成为浙江中医界的重要骨干。他那精湛的医术、高尚的医德、渊博的学识是我们全体医务工作者学习的楷模，是我们中医药工作者言行的高标。他时刻激励着我们，为中医药事业的壮大和医药卫生工作的繁荣昌盛做出毕生的贡献。

第三章

声 名 鹊 起

第一节　刻苦努力研临床

　　刚踏上工作岗位的宋康，在医院的安排下开始了各科轮转。那时的浙江省中医院刚成为浙江中医学院的附属医院，不仅招收浙江中医学院的毕业生，还有许多浙江医科大学的毕业生，职工人数甚至超过学校，被称为"大医院小学校"。在这所"医院学校"里，宋师用了5年的时间去夯实自己的现代医学基础，究竟是什么原因让一个中医"科班出身"的人下决心去学习现代医学呢？

　　这得从急诊科说起。急诊科是一个特别考验医师临床技能、诊疗思维及医患沟通能力的科室，是宋师轮转的首个科室。轮转1周后，他便被安排值急诊科的一线班。那时的急诊科，条件非常艰苦，连休息室都没有，值夜班的时候，医生们只能将诊室里空闲的桌子拼在一起当作休息床；炎热的夏天就打开当时的"祛暑神器"——自带声响的大吊扇，即使吊扇会发出令人厌烦的"唧唧"声，但与劳累驱使下的困意相比，不值一提。只要是值班，即使再累再困，宋师都不会让自己熟睡，并且保持诊室大门敞开，因为诊室外还有需要关注的患者，一旦患者出现状况，不论事大事小，他都会第一时间赶到患者身边处理。那时候的急诊科还有另外一件必备"神器"——震耳欲聋大电铃，这种老式电铃，只需响一次，便会令人"精神抖擞"，睡意全无。每次听到这种"惊心动魄"的铃声，宋师便会迅速起床，处理问题。那时候工作条件虽然艰苦，但对宋师来说，做着自己喜欢且有意义的事情，苦中乐自多。

　　外在的艰辛可以忍受，宋师最无法忍受的便是自己的"医术不精"。

首先，进入临床之后，宋师深感医生的责任重大，众多的疑难危重疾病使他屡感艰难，同时发现自己多年刻苦学习的中医知识，在临床上得不到充分施展。由于来急诊科就诊的患者大多数都是急危重症，所以，需要医生运用现代医学知识进行快速诊断、鉴别诊断，稳定生命体征，确定治疗方案等，中医药在急诊科的应用少之又少。这些对于中医出生、现代医学知识薄弱的宋师来说挑战极大。如心电图，宋师一开始只能判读典型的心电图，对于复杂心电图则需要求助于长期从事急诊工作的同事，虽然同事很乐于帮助，但求助次数多了，宋师还是很过意不去。再次，宋师也察觉到了自己与西医院校毕业生在现代医学知识的掌握与临床应用能力上的差距。而且，那时的浙江省中医院除了有很多名老中医外，也麇集了一大批全国顶尖的西医专家，如血液病专家马逢顺、肾病专家徐慧云等，呼吸科在全国西医医院中也居领先地位，所以不懂现代医学知识可谓寸步难行，这对于刚从中医专业毕业的宋师来说，压力可想而知。宋师想去门诊，以便更好地发挥中医药所长，治病救人，积累经验，但由于资历尚浅，还需要多加历练，而病房就是历练自己的最好场所。

怎么办？坚持还是放弃？宋师曾有一瞬间的动摇，但何任等一批老中医的形象浮现在脑海，患者对他们的殷切期待历历在目，于是幡然醒悟：不是中西之别，而是自己医技不精。同时坚定了一个信念：作为一名中医师，不能给中医丢脸。只要是临床需要的，自己一定要学会，只有通过学好现代医学，取长补短，用现代医学知识武装自己，使自己在临床上变得更为强大，才能更好地发展中医事业。于是，痛苦和沮丧都转化成了强大的动力。宋师暗下决心，一定要刻苦学习临床所需的医学知识。

决心已有，接下来便是实施了。学习需要有目的、有计划，循序渐进，不可操之过急。宋师思考过后，决定从基础又贴近临床的现代医学知识开始，如心电图。心电图是临床必不可少且可以快速识别危重症的一项检查。为了学好心电图，宋师制定了一个学习计划："升阶梯式"学习。第一步：夯实基础。从学校发的一本心电图小册子入手，这本小册子里的内容大多属于基础内容。为了快速记忆，宋师发挥学习中医时用的"背功"，将正常心电图波形特点，临床常见异常心电图表现，如心律失常、心肌梗死等的心电图表现都熟记于心。虽然当时不甚理解，但结合临床患者的心电图，便记忆深刻了。基础学习过关之后，宋师先后买了第二本、第三本心电图书籍：黄宛的《临床心电图学》与《临床心电图图谱》。这两本是当时学习心电图的必备书籍，内容翔实，贴近临床。宋师对书中每一章节都细细咀嚼，并做好笔记，加深记忆，不放过任何可能对自己有用的要点。心电图的学习，除了看书，最好的办法便是结合临床，故宋师在看书学习的过程中，往往会和临床中的实例结合。急诊科刚好提供了机会，可以遇见各种各样的心电图，可以与理论很好地结合，将书中的知识运用到临床，用临床的实际丰富书中的知识。那时候为了节省心电图图纸，医院规定每份心电图图纸不能超过两张。每当遇到比较典型的心电图，宋师会悄悄地多打印一点，然后将多余的部分裁剪下来，贴在笔记本上，等空闲的时候，便拿出来分析，将分析结果写在对应的心电图下面，然后再对照着黄宛的书学习。第二天早上，宋师会早早地到达科室，对照着正式的心电图报告学习。在对心电图知识有了较深的理解后，宋师便买了第四本心电图书籍：《临床心电图分析与诊断》。如此认真学习每一本书，不知不觉中，心电图的解读便不是问题了。后来，科室要安排医生给学生上课，内容是关于心电图的解读，商量评估之后，把这个任务给了宋师和另一位中医同事，宋师欣然接受了科室的安排。为了能让学生们更好地理解和学习，宋师买来了《心电生理学》，即使工作再忙碌，宋师都会在每次上课之前，认真备课。就这样，宋师和同事两个人顺利地完成了心电图课程的授课。

不仅对心电图的学习是这样，其他各科的学习亦如此。为了更好地为患者诊治，宋师熟读了心血管、消化、神经、呼吸、肾脏等各系统的专科书籍。经过5年的刻苦学习，宋师的现代医学知识及临床技能得到了显著提升。

学习现代医学的同时，宋师不忘初心，也一直坚持学习着中医临床知识。宋师在重温《伤寒论》《金匮要略》等中医经典时，对中医有了更深层次的认识，也让宋师想要进一步去挖掘中医药这座宝藏。曾经对中医的困惑，在这几年的临床实践中，似乎得到了解答：为何中医技能在临床得不到施展？为何其他科室会诊时，会首先请老中医而不是年轻的中医？宋师的心中有着自己的想法：其实并不是中医行不通，而是因为自己的中医技艺不精。这时候要做的，不是痛苦、迷茫甚至后悔，而是找到问题所在，学好中医的同时，不可忽视西医知识的学习，要充分汲取西医的长处，弥补自己的不足，使自己逐渐强大起来。

宋师在阅读大量中医经典的同时，也研读了许多现代中医书籍。现代中医书籍很多都是各名老中医的临床经验总结。宋师最开始看的是第一批名老中医的学术经验集，总共有5本，阅读过程中，总结名老中医的经验，结合自己的临床经验，随症加减，取得了良好的疗效。宋师曾经总结前人经验并结合自己的临床心得，写了篇题为《涤痰化瘀通腑法治疗肺性脑病》的论文，发表在中医杂志上，此法启迪了很多临床医生，为后人开展此类研究提供了借鉴。

在浙江省中医院的前5年，宋师一直都在扎扎实实地学习临床知识，有西医知识也有中医知识，期望通过提高医技，为更多的患者带去福音。

第二节　盛名扬起呼吸系

1. 精研医理，虚心求教

"不为良相，便为良医"，宋师自青年起便立下此志向，要为民献心尽力，解除疾苦。但青年医生，成名不易。《景岳全书·传忠录·病家两要说》中记载"医不贵于能愈病，而贵于能愈难病；病不贵于能言医，而贵于能延真医"，作为一名医生，必须在医技方面精益求精。要想成为一名良医，除了常见疾病的诊疗，关键是诊治危重和疑难病，而这就需要有扎实的理论功底和精湛的诊疗技术。如何才能做到呢？医之径，在于勤。宋师对自己严格要求，自我施压，发奋学习，废寝忘食。对于临床中的疑惑，宋师虚心求教，不仅向医籍书刊求教，而且向名医和同道求教，接受名医指点，善取同道之长，不断提高进步，成为医术精湛之医。

2. 医者仁术，兢兢业业

宋师对待患者如亲人，不论贫富贵贱，不分农民干部，不论疾病大小、病情轻重、病程长短，从不草率敷衍，望闻问切，从整体出发，辨证论治，以临床疗效为核心，细心诊断，谨慎治疗，效果显著，赢得了患者和家属的尊敬和喜爱。宋师在临床上并不会因为西医诊断为不治之病而拒绝给患者医治，他认为只要有一点希望，就应当积极争取。只要患者求医，他从不"瞻前顾后，自顾吉凶"。且每医治一位患者，宋师都会定期随访、详细记录，总结经验教训。对于许多外地患者，宋师也会经常赠送信封、邮票，或将自己的联系方式告知，要求他们反馈病情。通过患者口口相传，慕名而来的患者也越来越多。曾经有一位肺源性心脏病患者，在某三甲医院治疗过程中，出现了严重的呼吸衰竭，医生们竭尽所能，病情未见好转，血压越来越低，心律失常越来越严重，医生无奈告诉家属，早些做好心理准备。家属悲痛交加，不愿放弃，恳求医生们再想想办法，后来一个主任对他们说："要不，你们试一下中医吧！"便将宋师推荐给患者家属。患者家属立刻跑来浙江省中医院，找到正在查房的宋师，将患者大致情况说与宋师听，并请求宋师去患者所在的医院给予诊治。根据当时医院的规定，若未见正式会诊单，宋师是无权去会诊的。但看到患者家属恳求的眼神，宋师于心不忍，虽有些为难，还是根据自己对危重症救治的经验，给患者开了个只有四味药的药方：野山参、西洋参、猴枣散、石菖蒲，并详细告知用量及服用方法等。患者家属带着这个"救命药方"赶回医院。患者服药后，第二天便有了明显的变化：血压上升，心律失常也得到了改善。患者的主治医师见状，感慨中医神奇的同时，对宋师亦是敬意油生。后续经过中西医结合治疗，1周后该患者顺利出院。此后该患者及其家属便成为了宋师的"铁杆粉丝"，经常请宋师予以诊治和调理。

工作中的问题和困难也会不期而遇，但宋师从未怨天尤人，默默地通过自己的努力和实际行动来解决和克服。宋师为人仁厚谦逊，在科室中，尽心指导下级医师进行危急重症患者抢救和疑难疾病的诊疗。宋师时刻关注急危重患者的病情，若患者病危昏迷不醒，宋师会日夜守候在医院，遇到紧急情况，第一时间进行处理。他善于和同事交流，经常帮助有问题和困难的同事，对于科室中存在的问题，也会果断勇敢地向上级反映，并提出解决办法。因其工作中的突出表现，1989年获浙江省卫生厅"好医生"称号、被评为浙江省中医院先进工作者；1990年被评为浙江中医学院先进工作者、浙江省中医院先进工作者、浙江省中医院"双优"最佳医生。

3. 深入研究，总结经验

临床多年，宋师对中医药理论及现代医学有了较深刻的体会，尤其在中医药防治慢性阻塞性肺疾病、支气管哮喘、流行性感冒、肺纤维化及中医治未病等方面：①中医药防治慢性阻塞性肺疾病：强调分期论治，缓解期以"固本"为主，标本兼治；急性发作期则注重痰瘀并治、循序渐进的原则。中医药治疗肺性脑病采用"涤痰祛瘀，通腑开窍"等疗法，取得较好疗效。②中医药防治支气管哮喘：在哮喘降阶梯过程中加入中医药的干预，使哮喘降阶梯顺利进行，并完善了支气管哮喘慢性持续期的中医证型，研发了新的方药"清肺平喘补肾颗粒"，最终形成哮喘缓解期的中医优化证治方案，为哮喘进一步稳定降阶梯治疗提供了保证。③中医药防治H1N1流感：通过多年的临床实践和科研，总结了一种防治甲流的中药组合物——防感煎剂，并已获得专利。④中医药防治肺纤维化：通过应用中药虎杖对肺纤维化大鼠进行干预，发现虎杖在肺纤维化大鼠的炎症期阶段有明显的干预作用，可以延缓肺纤维化的形成，为治疗肺纤维化开阔了新思路。诸如此类对临床肺系疾病和疑难杂病的研究，举不胜举。宋师同时注重养生保健、体质调理及更年期阴阳失衡等治疗，擅长膏方调补应用。此外，宋师刻苦攻读，潜心钻研医学，翻阅古籍，博览群书，善于汲取各家独特的诊疗经验和诸名医治病心悟，经过不懈的努力和多年的积累，对其他医家的临床经验也进行了深入的总结，如宋师总结的"近代名中医肺系疾病诊疗经验"，包括焦树德、何任、杨继荪、祝谌予、翟济生、陈超、李培生等众多名医大家对肺系疾病的诊疗经验；通过辛勤的钻研和积累，归纳出自己在临床中常用且有效的中医治疗咳喘心得，即咳喘诊治二十法，包括清轻宣散法、开肺降气法、宽胸理气法、寒凉清解法、祛风脱敏法、芳香开窍法、化瘀涤痰（开窍）法、解毒排脓法、宣肺通下法、化痰平喘法、润肺止咳法、运脾化痰法、和胃降逆法、宁心安神法、舒肝解郁法、敛肺法、宣肺利水法、温阳化饮法、固本祛邪法、四时分治法。

4. 厚积薄发，声名渐起

因为宋师理论基础深厚，且擅长运用现代医学检查手段。临床中能够灵活运用中西医理论，辨证用药，因而得到了满意的疗效，名声渐起。

因其出色的临床能力和科研成果，加之个人的坚持、努力及对学术的追求，宋师成为国家重点科学（中医肺病）学术带头人，为中医肺病工作做出了很大贡献，同时得到了有关部门的关注和支持，还赢得了国内外一些中医单位、部门、医药企业、大学、研究机构的聘任，担任了一系列职务。他既是国家科技奖励评审专家，国家中医改革发展咨询委员会（国家智库）专家委员，同时还担任中国中西医结合学会呼吸委员会副主任委员，中华中医药学会第四、五、六届理事，中华中医药学会内科分会副主任委员，中华中医药学会膏方分会副主任委员，世界中医药学会联合会呼吸分会常务理事，浙江省中医药学会顾问（原副会长），浙江省中西医结合学会呼吸分会原主任委员，浙江省抗癌协会顾问等。

第三节 润物无声育人才

宋师从浙江中医学院毕业后，奋斗在临床一线的同时，也承担着繁重的教学任务。上课的对象不仅有本科生，还有留学生。数百次的教学，他每次都认真备课，查阅古今资料。他热爱临床，也热爱中医药教育事业，执教四十载，为培养中医药人才辛勤耕耘。

师者，所以传道授业解惑也。宋师认为"传道"并非简单的"传递知识"，更重要的是"思想的传承"，医学，更该如此。医乃仁术，大医精诚，"大医精诚"才是医者魅力所在。一个合格的医者，应具备高尚的医德、普救天下的仁心和精湛的医术。《备急千金要方·大医精诚》曰："凡大医治病，必当安神定志，无欲无求，先发大慈恻隐之心，誓愿普救含灵之苦。若有疾厄来求救者，不得问其贵贱贫富，长幼妍蚩，怨亲善友，华夷愚智，普同一等，皆如至亲之想。亦不得瞻前顾后，自虑吉凶，护惜身命，见彼苦恼，若己有之，深心凄怆，勿避险巇，昼夜寒暑，饥渴疲劳，一心赴救，无作工夫行迹之心，如此可做苍生大医，反之则是含灵巨贼……其有患疮痍下痢，臭秽不可瞻视，人所恶见者，但发惭愧凄怜忧恤之意，不得起一念蒂芥之心，是吾之志也。"

刚接触课堂时，宋师并没有授课经验，一切须从头摸索。为了教好每一节课，他常常备课到深夜，并在授课前一天，重新检查讲义内容有无遗漏或错误，课件内容深入浅出。探索之路虽然艰辛，但宋师乐在其中，他认为，培养中医人才责任重大，既然做了，就要尽力做到更好。传岐黄之道，授仲景之术，解临床之惑。通过不断的临床实践和课堂授课，宋师最终总结出一套自己的教学方法：课堂讲授与临床实践相结合。他课堂上讲授的每一病症概念清晰，层次分明，重点突出，引经据典，联系实际；每次授课，都引古喻今，旁引佐证，阐述透彻，重点明确，深入浅出。因此给同学们留下了深刻的印象，深受学生欢迎。对于临床中见习和实习的学生，宋师每次查房时都会结合实际病例，详细讲解，同时不断拓展思维并采用启发式教育，一步步带领他们走入神圣的医学殿堂。因为出色的带教能力，宋师分别于1989年、1991年、1994年和1996获得"浙江中医学院优秀带教老师"之称。

宋师还经常被邀请去给外国留学生和国外学者上课。因为担心语言问题影响课堂质量，宋师开始加强英文的学习，大量阅读国外文献来提高专业英语水平。中医的基础理论和概念，本就抽象难懂，如何才能让国外学者理解艰涩难懂的中医概念呢？这是那时宋师最困惑的难题。问题本身不是问题，如何解决问题才是问题。为了这个难题，宋师翻阅大量资料、观看其他医家视频、请教自己国外的亲戚朋友等。最终，宋师找到了一个很好的切入点，那就是中西方的共通之处——哲学。宋师从哲学的角度为他们讲解中医的理论和概念，得到了国外学者的共鸣，不但加深了他们对中医的理解，也让更多外国人开始喜爱中医。同时，宋师的课堂注重互动，以类取向，深受国外学者的好评。

通过不懈努力，2002年宋师被聘为浙江中医药大学教授、硕士研究生导师，2004年被聘为博士研究生导师，2007年任博士后导师，2008年任第四批全国老中医药专家学术经验继承工作指导老师，每年接收进修医生数名。他先后培养硕士研究生40余名，博士研究生16名，博士后2名。对于自己的学生，宋师既严格又亲切，亲自命题复试，指导研究生选题、开题、进行临床和实验研究，指导硕士生、博士生论文的撰写、审阅修改，同时不放松其临床能力训练，经常亲自带教。在"传道、授业、解惑"的过程中，宋师把自己所学的知识和积累的经验，倾囊相授，以求他们将来能够更好地服务国家和社会。对于进修医生，宋师对临床病例的辨证分析、处方用药进行详细讲解，将自己临床的经验毫无保留地传授给他们，同时，指导他们对自己的经验进行归纳总结，提高他们的临床水平。

宋师对学生的指导不局限在课堂，还有生活和临床中的潜移默化。

（1）大医精诚牢记于心。宋师时常告诫自己的学生，医技应精湛，医德更重要。晋代杨泉指出："夫医者，非仁爱之士不可托也；非聪明答理不可任也，非廉洁淳良不可信也。"宋师始终以仁爱之心待人，精湛之技治病。在临证中，宋师治病不分亲疏贵贱，一视同仁，注重把握患者心理，真诚对待，取得患者信任。对于孤贫患者，宋师深切关怀，倍加悯恤，济人于危，解囊相助。宋师经常对自己的学生说："医者父母心"，来求医问药者基本都是身受痛楚之人，他们将希望寄于医者，希望医者能够为自己解除痛楚，这时候更加需要医者的关心，给予温暖和信心，并时常列举自己曾经的老师，如何任、马树棠及岳父对待患者的事例。宋师不仅为患者解除痛楚，还温暖着人心，不论是患者，还是自己的学生。

（2）熟读深思，博览专精。首先，宋师认为，成为一个合格的医者，必须要有过人之处，必须精学才可。《医宗金鉴》有云："医者，书不熟则理不明，理不明则识不精。临证游移，漫无定见，药证不合，难以奏效。"学医不精，就不可能弄懂医学之理，医学之理不懂，就难以成为良医。学问渊博，更加有助于探索治病之理。其次，他认为，作为一个中医学者，经典不可丢。经典虽难，却容纳着古人治病的经验和学术精华。因此，他要求学生注重中医经典的学习，必须从《黄帝内经》开始，然后《伤寒论》《金匮要略》《神农本草经》等，再是《中药学》《方剂学》《中医诊断学》及临床各科等，同时也要学习近现代各家学说。如果不从经典学起、把经典学好，就不会在中医上有较大的成就。在学习方法上，宋师建议，要学会"详略得当"，即对于经典中重要的条文，要背诵下来，牢记于心，并温故知新；至于不甚重要的条文，理解即可。欲学有所成，必读之书，不可不读。再次，近现代医家学说，也不可不看，因为更贴近我们的临床，且通常都是在对前人经验继承的基础上结合自己的临床经验。众多近现代医家医学理论深邃，医学技艺精湛，临床辨证精细，选方遣药丝丝入扣，方效显著。宋师还会利用自己的空闲时间，向学生们重点介绍著名医家的学术思想、临床经验和治疗方法；或者选择理论上自成体系、学术造诣深厚、为后世公认和称道的历代医家进行讲解，以使其开阔视野，丰富知识。最后，宋师常强调医案的学习，他认为，欲求前人之经验心得，医案最有线索可寻，钻研于此，事半功倍。所以不管是办公室还是家中，他都会将一些医案放在书桌，以便空闲时翻阅学习。宋师认为，多读名家医案，结合临床悉心揣摩，不仅能获得名家心法，还可启迪临床思维。

（3）提要勾玄，实践提高。宋师认为在学习过程中，要不断地记录学习笔记和心得，把重要内容摘抄下来，并写上自己的体会和见解，持之以恒，才能收获更多。中医学是一门实践性很强的学科，学习中医理论的目的是为了更好地应用于临床。所以，既要重视中医理论的学习，又要在实践中勤于探索，勇于创新，通过不断实践，积累新的临床经验、发掘中医精华，同时应用现代医学的方法和手段，使中医的临床疗效达到更高的水平。

（4）时常鼓励，认真对待。宋师对学生循循善诱，诲人不倦，倡导启发，给学生独立思考的空间，使其不放弃任何锻炼自己的机会。宋师常说："你们现在还年轻，要多尝试些事物，不断地历练自己，才能快速成长，失败了没有关系，还可以重新来过，不断积累经验才最重要。"只要有申报课题的机会，不管怎样，宋师都会鼓励学生们尝试着去申请，当他们没有信心，感到困难的时候，宋师都会像父亲一样给予他们鼓励；当他们把申请报告写出来时，即使再忙，宋师都会认真为他们修改，并且会不断给出建议。现浙江省中医院副院长杨珺超在读宋师博士期间，有一次她向宋师提出了申请国家级课题的想法，宋师听后非常支持，并建议她先写一篇SCI论文。但那时杨珺超并没太多申报课题和写SCI论文的经验，宋师便在空余时，为她搜寻课题申请的相关资料，并向朋友借来一本珍贵的SCI论文集。接到这些资料时，杨珺超非常感动，暗下决心一定不辜负导师期望，将事情做好。没过几天，杨珺超跟诊时不幸将SCI论文集丢失了，宋师知道后并没有责备，反而耐心安慰。后来杨珺超经不断努力，取得了不错的成绩。

（5）衷中参西，融会贯通。临床医学是一门不断发展的学科，需要与时俱进、及时掌握与临床医学相关的现代研究成果及发展动态，宋师认为，从事临床的医生，要学会衷中参西，融会贯通。他建议学生，要珍惜难得的学习机会，充分利用现有的资源，多看中医和西医文献，了解最新发展趋势。拓宽基础，追踪前沿，才能与时俱进。同时，宋师结合自身的从医经验，建议学生：如若西医基础差，那么在进入临床的前5年，要坚定地夯实西医基础，不可有学科之偏见。只有当自己中西融会贯通，医术精湛时，才能更好地发扬中医。对于他的这个建议，已经工作过的学生深感佩服。他在平时工作之余，读古代、现代医书及国外书刊，并认真做读书笔记。研究生教育中，宋师重视从临床中寻找课题，重视临床疗效的再验证，重视中医理论、方药的继承和发展，重视现代医学研究方法与中医自身规律的结合。

（6）虚心学习，汲取经验。宋师经常教导学生："要善于向诸多有真才实学、经验丰富的专家学习。叶天士一生从师17人，不断汲取经验，方成大家；我虽不才，也曾向不同的医家学习，得到他们的指点。你们要虚心学习，不懂就问，要真正掌握众多老师各自的特点，悟懂其技艺，学习其医德，经常总结和整理，不断参阅提高。即使将来学有所成，也要记得山外有山，人外有人，切忌夜郎自大。学海无涯，知识无边，要活到老，学到老，切忌固步自封。"

（7）因材施教，注重个性。对于自己的学生，宋师经常同他们交流，了解他们的学习和生活，与学生之间建立了如亲人般的关系。他们互相了解，密如友人。对于不同的学生，他因材施教，同时尊重他们的个性。他认为，一个人适合做什么，和他的个性有着很大的关系。中医提倡"顺应自然"，在人身上，也应"顺应个性"。不同性格和学习经历的学生，他常常给予不同的建议。如杨珺超，宋师建议她"衷中参西，注重科研，同时要不断学习管理方面的知识"，不断鼓励她申请课题项目，并在自己院长担任期间，常将课题和基地申请的部分任务交给她，让她不断锻炼；对于夏永良，他则建议"传承家学，加强中医知识的学习"。类似的因材施教之例，多不胜举。

无论是指导研究生、博士后还是培养进修医生，宋师都倾注了全部精力和心血。从宋师身上，他的学生不仅学到了知识，增长了才干，更学到了严于律己、宽以待人的高尚品格。他为人师表，倾心临床、严于教学、精于科研的精神同样也深深地感染着他的学生。经他培养的学生，有的已经成为重点学科带头人和学术骨干，有的已经成为医院管理领导者，硕士、博士研究生导师。部分弟子或涉洋过海，或行医办学，或合作研究，或继续深造，他们以不同的方式，为中医药事业的发展贡献着自己的力量。每谈及桃李满天下，宋康脸上都写满了幸福和自豪。看到自己的学生成为栋梁之才，宋师倍感欣慰：愿他们不畏艰难，砥砺前行，越走越远，更上一层楼！

第四节 联合同道促交流

1. 团结同仁，共谋发展

为了不断弘扬中医药学，宋师联络同道，积极开展中医学会、中西结合学会、呼吸学会的业务学术活动，不断推动中医药交流和合作。同时，加强医院协作网络建设，大力开展学术活动，促进学科间的交流和合作，从而发掘学科特色，发挥专科优势，使学科和医院的学术水平与医疗技术同步发展。

2. 走出国门，交流学术

1996年，宋师担任浙江省中医院业务副院长后，主管医院外事活动，招收留学生，并亲自带教国外留学生，努力促进中医药国际交流与合作。1998年，宋师受邀参加澳大利亚中医针灸访问交流，当时澳大利亚满街都是中药店，但中医水平有待进一步提高，虽愿意接受针灸、中医的人很多，但真正掌握针灸、中医，有理论学识、丰富经验的医生并不多。但当2003年宋师再次受邀参加澳大利亚中医针灸访问交流时却发现，澳大利亚针灸和中医药水平有了显著的提高，中医的地位逐渐增强。2012年，澳大利业联邦政府通过了中医药立法。宋师通过两次澳大利亚中医针灸访问交流，收获良多，感慨也颇多，看到中医在国外不断受到重视，不断为其他国家所接受、承认，宋师内心有着无法言说的欣喜。1999年，宋师参加日本中医教学交流，通过此次交流，宋师发现，日本中医（汉方医）形成了独自的体系，理论上以《伤寒论》《金匮要略》为基本框架，并高度简单化，重视古方方证与"方证对应"。而且，不仅不少的日本年轻医生对汉方抱有浓厚的兴趣，还有一些造诣甚高的西医界权威专家也十分推崇中医，日本公众在保健、医疗方面也是对中医药持信任态度的。2005年参加美国科技交流，宋师进一步认识到了充分利用现代技术的重要性，更加坚定了宋师一直以来主张利用现代科技为医学服务的信念。

宋师负责举办国际国内学术会议15次。2006年在浙江省中西医结合呼吸病诊治进展暨第五次学术年会上，其团队发表了"清热解毒澄其源——宋康教授治疗特发性肺纤维化经验介绍"和"宋康教授治疗咳嗽变异性哮喘对药配伍特色探析"，并在会议上分享临床经验与心得；2008年参加了浙江省中西医结合呼吸病诊治进展暨第六次学术年会，并于年会论文集上收录了"宋康教授辨治慢性咳嗽验案"；2011年首届"浙江中医药论坛"暨浙江省中医药学会2011年学术年会上，收录了"宋康教授治疗肺癌的经验介绍"和"宋康应用培补肝肾法治疗内科杂症经验"；2016年第八次全国中西医结合中青年学术论坛收录了"宋康教授从络病论治间质性肺病学术经验探析"；同年宋师参加了浙江省呼吸系病学术年会，该年会收录了"宋康教授运用中医药治疗支气管扩张伴感染经验浅析"。通过不断地举办和参加学术会议，学习和分享临床心得和经验，加强了与同道之间的交流。同时，宋康于2004年参加我国台湾中医临床、教学访问交流，了解了中医在台湾的发展状况；2006年成功协助举办了浙江省有史以来规模最大的国际医疗慈善活动"健走行动——2006浙江行暨中美学术交流周"。

如今，宋师仍然在为促进学术交流而努力着，在身体许可的情况下，他会参加学术研讨会，也会受邀到其他医院讲学、坐诊、指导医疗。

第五节 学科建设创名院

宋师不仅是一位优秀的医者，也是一名优秀的医疗管理者。由于出色的管理和组织协调能力，1996年宋师被推选为浙江省中医院副院长。由于未曾做过科室主任，直接由副主任被推选为副院长，医院事务的处理能力、业务的熟练程度尚有不足，急需快速提高。于是，宋师主动学习管理知识，利用闲暇时间阅读管理类书籍，不断向其他优秀的管理者请教经验，参加国内、省内管理者会议时，抓住任何可能的机会，听取他们的经验，不断提出自己的想法，请求优秀的管理者给予建议和意见，在会后进行整理、学习。宋师于1997年发表了《新时期三级甲等中医院建设初探》，从医院的规划、科室的建设、人才的培养等各方面进行了阐述，对医院的发展有着独特的见解。

（1）高瞻远瞩，二级分科。宋师心系医院的发展，高瞻远瞩，重视学科的发展。当时浙江省中医院只有内科和外科两大科别，内科各个系统疾病诸多且混杂，虽然对医生的全面学习锻炼有好处，但是只全不专，不利于三级甲等综合性医院的建设。1998年，为了拓宽医院发展空间，适应扩大规模要求，宋师决定对学科进行二级分科，将大内科分为心血管科、消化科、呼吸科、神经内科、肾病科、风湿病科等；外科分为普外科、肝胆外科、骨科、神经外科、ICU、乳腺外科等。这个决议一开始就受到了一些领导和科主任的质疑甚至反对，但宋师顶着极大的压力，和领导多次商量后，毅然决然实施了这次重大改革，为浙江省中医院建设成大型综合医院奠定了重要基础。同时，学科的分化，使得众多医师在自己的领域成为了专家，在新型舞台上鱼龙竞游，各树一帜，尽情施展着自己的才华。随着学科的分化，临床医疗水平和学术水平得到了明显的提高，多个临床科室先后获得国家或省重点学科或重点专科，如以宋师为学术带头人的中医肺病学成为国家重点学科。中西医结合急救医学、中西结合呼吸病学成为了浙江省中医药重点学科。此外，中西医结合内分泌学、中西医结合消化内科学、中西医结合妇科学、中西医结合外科学、中西医结合神经内科学、中医骨伤科学、中西医结合血液病学、中西医结合皮肤病学、中西医结合肿瘤学、中西医结合心血管病学、儿科等科室陆续成为国家级重点专科或省中医药重点学科。

（2）专科专病，推广优势病种。为进一步发挥中医药临床特色与优势，加大中医药临床诊疗规范、技术标准的研究力度，规范中医、中西医结合临床诊疗行为，提高中医药诊疗水平和质量，宋康推出了专科专病管理，15个常见病的中西医结合诊疗进入国家重点专病建设项目。宋师将乳腺病从中医外科分化出来，专门成立乳腺病专科，应用中医药的特色与优势，建立有效的中医药诊疗模式。同时推广优势病种，创办了浙江省中医优势病种推广研究中心。

（3）创建国家中医临床研究基地。升为院长之后，宋师为提升中医药临床科研的基本条件，促进学科发展和科研水平的提高，组织团队积极准备，争取国家中医临床研究基地的资格。为了能够提高效率，成功申请，宋师团队内的几个成员长期驻守北京。宋师本人也积极整理相关资料，不断往返北京，当时跟随他一起努力的同事回忆道："那时候真的很辛苦，为申报国家中医临床研究基地，需要频繁飞去北京，宋院长都不知道拉坏多少行李箱了。"最终通过团队的不懈努力，浙江省中医院被确定为国家中医临床研究基地。国家中医临床研究基地的成功申请，为医院发展创造了更大的空间，为开展科学研究、加强学术交流提供了重要基础，搭建了良好的平台，引领医院走向新的发展。此后医院的发展，蒸蒸日上，在全国中医院中名列前茅。

（4）建设学科梯队，提拔年轻干部。宋师认为，合理的学科梯队是学科长远发展的基础，中青年力量是医院发展的希望，不管是临床医生还是管理人员。在任职期间，他非常重视学科梯队建设，对中青年医生精心培养，同时积极提拔有为的青年医生，给位子、压担子，让青年医生在自己擅长的领域尽情施展个人才华，为医院更好的发展贡献力量。宋师时常也会要求他们广读书、多思考、勤动手、善总结，特别提倡在实践中学习，不断提高临床水平，增长才干。事实证明，被宋师重视和提拔的青年人，有的已成为学校和医院的领导，更多的人已成为各自科室的学科带头人和中坚力量，正在为医学事业的发展贡献着自己的力量。

（5）完善医疗设备和相关科室。在任职期间，宋师建立了放射科和核医学科，同时引进了先进的仪器设备，如64排螺旋CT、全数字化直线加速器、磁共振、大型多功能数字减影血管造影设备（DSA）和心脏DSA、发射型计算机断层扫描仪（ECT）、高频乳腺X射线机、多功能彩色超声诊断系统、大型肺功能分析仪等，并用长远的眼光看问题，为仪器设备的完善提供了必要条件，如当时全省PET-CT仪器尚且只有一台，宋师不顾他人的反对，果断决定为PET-CT预留空间，为将来浙江省中医院PET-CT的引进创造了必要条件。

（6）协助并购下沙院区。现在的浙江省中医院下沙院区，地处杭州经济技术开发区，是国家中医临床研究基地落户院区，是集预防、保健、医疗、康复、卫生宣教和优生优育等医疗服务和临床教学为一体的中西医结合医院，承担着开发区及周边区域急救、突发事件和灾害现场抢救、公共卫生事件应急防控及日益增长的各类医疗保障任务，为开发区、高教园区及周边区域提供了强有力的医疗保障。但是下沙院区在还未被浙江省中医院并购前，是个科室不健全、人员缺少、设备不全、患者稀少的小医院。宋师在任期间，尽心尽力，协助王坤根院长完成下沙院区的并购。针对当时下沙院区诸多问题，宋师与王坤根院长及全体医护人员共同努力，不断健全科室，充沛科室人员，完善相关医疗设备，并安排湖滨院区的医生去往下沙院区，定期安排名中医去下沙院区坐诊，使下沙院区不断发展壮大。经过两院区不懈努力，下沙院区逐渐走向正轨，有了今天的发展。

（7）积极建设浙江省"治未病"研究中心。汉代张仲景在《金匮要略》中有云："上工治未病，何也？见肝之病，知肝传脾，当先实脾"；唐代孙思邈云："上医医未病之病，中医医欲病之病，下医医已病之病"。为了进一步丰富和发展中医"治未病"理论体系和研究内涵，提高中医药防病能力，发挥中医药特色优势，构建具有中国特色"'治未病'之人"的健康保障体系。宋师积极推进浙江省中医院"治未病"中心的建设。首先，与其他一些中医医院一起，率先在全国开展"治未病"服务试点，从"治未病"的服务范围、服务领域、服务内容和服务模式等方面，对中医预防保健服务体系的构建进行了实践和探索。同时，在政府引导、市场主导下，参与推动浙江省中医院和昆仑健康保险股份有限公司、炎黄东方（北京）健康科技有限公司合作，成立了浙江省中医院-KY3H治未病中心。该中心以"治未病"理念为指导，以中医学为基础，结合现代医学，融合现代科技，面向健康人、亚健康人和患者，开展以健康为中心的个性化的新型健康服务。"治未病"中心运行至今，取得了良好的成效。当时的浙江省中医院成为国家中医药管理局确定的首批"治未病"试点单位，并于2007年4月成立了浙江省中医"治未病"研究中心。"治未病"中心的成立，对中医药自身发展来说，既是继承中医药学术、彰显中医药特色的重要体现，也是拓展中医药服务领域、弘扬中医药文化的重要途径。

（8）促进浙江省名中医研究院的成立和发展。宋师任院长期间，当时的浙江省中医院经过几十年的传承，形成了十大中医名家：余氏外科、金氏针灸、罗氏伤科、魏氏内科、叶氏内科、宣氏儿科、柏氏眼科、裘氏妇科、杨氏内科和何氏内科；为了更好地促进中医学术经验传承和临证实践、培养中青年名中医和繁荣中医药学术，2007年浙江省名中医研究院成立了，这是一所以浙江名医和中医流派为学术基础，以国家级和省级名中医为骨干，以培养中青年名中医和繁荣中医药学术为主要任务的学术机构，聘请了德高望重的名老中医何任教授出任名誉院长，葛琳仪教授担任院长，王永钧教授、魏克民教授、陈意教授、王晖教授、宋康教授、王坤根教授担任副院长，其骨干成员由王永炎、邓铁涛等12位全国各地德高望重的名医组成。为了能够将名医"望闻问切"的每一句话、每一个环节、每一个动作都记录下来，宋师及其他领导人员，从长远利益出发，决心要充分利用现代科学技术，为名中医研究院配备先进的数字化中医信息、声像采集系统，这些声像资料既可以供研究、交流使用，也可供教学使用。经过11年的发展壮大，名中医研究院充分发挥中医药继承创新平台和专家学术园地的作用，在中医药人才培养、名中医学术经验继承、中医药学术创新等方面取得了丰硕成果，为全面实施"中医药攀登工程"，推进中医药事业发展做出了积极的贡献。目前研究院培养了学术继承人118名，全国优秀中医临床人才44名，全国中药特色技术传承人培训项目培养对象25人，省中青年临床名中医27名。推荐国医大师候选人及全国名中医候选人6人。

（9）以人为本，丰富医院文化。宋师充分认识医院文化建设的重要性和紧迫性，坚持以"以人为本、大医精诚"为核心，深入挖掘医院文化内涵，打造具有省中特色的办院理念和服务品牌。除了注重中医氛围的营造，还意识到传统中医文化渗透的重要性。通过各种途径，借助传媒，积极宣传中医药思想，曾和浙江电视台钱江频道合作，录制了十几集的名医访谈录。通过各种活动形式，丰富职工的业余文化生活。举办下沙院区首届中医文化节，以"弘扬中医文化促进社区健康"为主题，旨在运用各种载体，促进中医药领域产学研结合，并通过中医文化纽带加强科室、院区及与社区、高校、企业间的融合与互动，普及中医健康保健知识，全面提高科学养生、御病强身的意识和能力。

多年来，宋师为医院尽心竭力，不断奉献着自己，青丝渐变为白发，宋师无怨无悔。因为对医院建设，贡献卓著，成绩突出，2008年宋师被评选为

"全国优秀院长"，2010年被评为"全国医院卫生文化建设先进工作者"。

（10）人生有涯而医无涯。宋师虽年近古稀，仍鹤发童颜、精神矍铄，兴趣广泛而健谈。即使退休，但为医院发挥着余力，仍坚持每周在浙江省中医院坐诊，带教指导，关注并参加呼吸系统各项活动，时常还会接受医院的委任，去其他医院交流和指导，乐此不疲。

第四章

高 超 医 术

第一节　医术精湛救人危

基于多年的临证实践，宋师不断总结经验，逐步形成了独树一帜的诊疗思维。

（1）坚持辨证论治，整体观念特色。辨证论治、整体观念是中医的核心特色，同时也是其精华之所在。宋师临证时，时刻关注这两点，做到细心诊察，精心辨证，透过现象看本质；基于整体，抓住辨证纲领和关键证候，准确地辨别病症的属性，故而治病疗效卓著。

宋师常说："肺系疾病，尤其是呼吸危重症，通常病情凶险，瞬息数变，辨证论治则尤为重要，务必谨守病机，选方准确，切中肯綮。"辨证论治虽强调辨证的重要性，但仍然不能放弃辨病，以"证"为基础，认识"同病异治"或"异病同治"。这是由于疾病的发生通常错综复杂，临证时纵然医师四诊周详，仍可能无法探知病变之所在，亦难以查悉其病性之症结。故最佳的解决方法是以辨证为前提，做到辨证与辨病相结合。例如，感冒，临床可见恶寒、发热、头身疼痛等症状，但由于病因及机体反应性不同，又可分为风寒感冒、风热感冒、暑湿感冒等不同证型。只有辨清了感冒属于何种证型，才能有针对性地选择辛温解表、辛凉解表或清暑祛湿解表等治疗方法，做出适当的治疗。辨证与"头痛给予止痛药""发热给予退热药"或仅针对某一症状采取具体对策的治疗方式是完全不同的。

此外，宋师认为，人是一个整体，在临床中切不可"头痛医头，脚痛医脚"，中医首先是从整体出发，将重点放在引起局部病变的整体病理变化上，并把局部病理变化与整体病理反应统一起来。一般来说，人体局部的病理变化，往往与全身的脏腑、气血、阴阳的盛衰有关。由于脏腑、组织和器官在生理、病理上的相互联系和相互影响，因而决定了在诊治疾病时，可以通过面色、形体、舌象、脉象等外在的变化，来了解和判断其内在的病变，以做出正确的判断，从而给予适当的治疗。人体是一个有机整体，在治疗局部病变时，也应当从整体出发，采取适当的措施。例如，心开窍于舌，心与小肠相表里，所以可用"清心热泻小肠火"的方法治疗口舌糜烂。《素问·阴阳应象大论》提出的"从阴引阳，从阳引阴，以右治左，以左治右"及《灵枢·终始》所指的"病在上者下取之，病在下者高取之"等，都是整体观念的体现。

（2）遵守急则治标，缓则治本原则。宋师认为，疾病的发生、发展，错综复杂，病情上有轻重缓急，故而治疗时，要遵守"急则治标，缓则治本"的原则。要掌握好这个原则，首先要弄清标与本、缓与急的概念和关系。

疾病在发生发展的过程中有稳定和危急不同的阶段，所以才有标本缓急之说。但标与本不能截然分开，缓与急也只是相对而言。所以在临床中，如果病情严重，就要先治疗标症，确保患者的生命安全，同时又要兼顾本的医治。因为若只顾治标而不顾本，往往疗效不佳。如果病情尚且稳定，就要寻其病因，从本而治，在根本上切断病源。例如，宋师在治疗哮喘时，即是基于哮喘的病情分级，予以"急性发作期治标为主，慢性缓解期治本为主"。宋师认为，在临床上运用"急则治标，缓则治本"的原则时，既要掌握其原则性，又要根据不同的病情变化，注意特殊情况下的灵活运用。

（3）从痰瘀治肺。宋师认为，大多数肺系疾病，虽临床表现各异，但究其病因病机，离不开"痰"和"瘀"。痰为百病之源，怪病皆为痰作祟。痰浊蕴肺，气机不利，不能维持正常血行，血液循环障碍，复损及血脉，血滞成瘀，既无法载气，亦难以行气。"痰"和"瘀"既是肺系疾病中的病理产物，又可以成为肺系疾病的致病因素，进而引起更为广泛的病理变化，导致多种病症的发生。因此，对于肺系疾病的辨证论治，不止于肺，也离不开肺，关键在于"治痰"和"祛瘀"。例如，宋师采用涤痰通腑祛瘀法治疗呼吸衰竭，可有效降低动脉血二氧化碳分压，改善患者精神神志状态。此外，宋师还将"治痰"和"祛瘀"治法贯穿于肺间质纤维化的各个阶段，均取得了很好的临床疗效。

（4）胆大心细，敢治急危重症。在临床中，宋师不仅在治疗肺系疾病中医术卓越，而且对于急危重症也有着独特的治疗方法与心得。宋师认为，作为一名临床医生，不仅要善于治疗本专业的疾病，还要敢于治疗急危重症。对急危重症的治疗，中医要与西医优势互补。在临床中，宋师在面对急危重症时，有胆有识，胆大心细，辨证准确，用药精准，常常发挥中医优势，救危亡于顷刻。因此在数十年间的临床中，坚持治疗急危重症，发挥中医优势，取得了令人满意的效果。

（5）中西医互补，善用现代医学技术。宋师在中医宏观辨证论治的基础上，常常结合现代医学技术，中西医优势互补，使得中医辨证更加准确、更趋完善。如宋师通过对肺功能项目和技术的研究，从其无创、简便、准确等特点考虑，将其运用于哮喘、慢性阻塞性肺疾病（COPD）、哮喘慢性阻塞性肺疾病重叠综合征（ACOS）的诊断及鉴别诊断。同时，宋师擅长以肺功能结果作为疗效及病情参照物，适时调整诊疗方案。此外，为了取得更好的临床疗效，宋师也会将现代医学理念运用于临床治疗，发挥中西医互补的优势，共同出击。曾有一位朱姓患者，46岁，反复咳嗽咳痰1年余。自述曾于外院多次就诊，先后服用数种止咳化痰药物及抗生素进行治疗，效果甚微。近半月来咳嗽明显加重，夜间尤甚，咳嗽剧烈时可感到气急不适，咳嗽有痰，色黄量多，大便干燥，舌红苔薄黄，脉滑数。胸部CT显示：右肺及左肺上叶支气管扩张伴感染。肺功能检查提示：轻度小气道通气功能减低；支气管舒张试验阳性。过敏原检测结果显示：IgE阳性，尘螨过敏。四诊合参，宋师即刻诊断为支气管哮喘，中医诊断为哮病，辨证为痰热壅肺证，予以清热化痰，理气止咳之法。方药：鲜芦根45g，生米仁45g，冬瓜仁10g，前胡10g，苏子15g，陈皮10g，制半夏10g，茯苓15g，桔梗6g，鱼腥草30g，肺形草15g，火麻仁15g，郁李仁15g，生白术45g，北沙参10g，地肤子10g，白鲜皮10g，苦参10g，生甘草5g，7剂，水煎早晚温服。同时予以沙美特罗替卡松粉剂（舒利迭）250μg/50μg每次1吸，每日2次；左氧氟沙星（可乐必妥片）0.5g，每次1片，每日1次；吉诺通，每次1片，每日2次；盐酸西替利嗪（仙特明），每次1片，每晚一次。1周后患者复诊，诉咳嗽较前明显改善，气急较前缓解，又予以中药服用2周后，患者症状全无，无其他不适。宋师认为，做学问不可有偏废，也不可有门户之见，非要分出现代医学抑或是中医学好。虽然我们要大力发扬中医，但不等同于要排斥、贬低西医。中医有中医的优点，西医有西医的优势，只有中西医互补，取用各自优势，才能为更多的患者带去福音。

　　宋师医术精湛，医德高尚，曾救危重者不计其数，深受社会各界一致好评，获赠锦旗、感谢信不一而足。

　　曾经，宋师接到浙江某医院的会诊。患者是位90多岁的老干部，身患严重肺部感染，生命垂危，而现代医学除了维持治疗，也束手无策。医生建议家人开始准备后事，但家人仍不想放弃，恳请医生集思广益，寻求救治的方法。家属想尝试中医治疗。多番打听后，找到了宋师，通过院外会诊宋师被邀请过去。宋师一进病房，只见患者体型肥胖，面色潮红，神志昏迷，呼之不应，鼻饲管、氧气管、导尿管等各种管子布满全身。宋师仔细观察，试图找到突破点。突然发现，尽管患者插着导尿管，但臀部下方还使用了尿不湿，经仔细询问得知，尿不湿原来是用来接老人大便的，老人虽然脸色潮红，高热不退，但大便却如清水般不断流下，不能控制，且每次量不多，再次询问家属其营养状况时，家属告知，几乎全部静脉输液加之少量鼻饲。这时宋师豁然开朗，这就是中医典型的清阳不升，阴阳离决的表现。清阳下陷，虚阳浮越，故虽有发热，但此非实热，乃虚热也。宋师辨证之后，对症之方药即刻浮现脑海，迅速写下：人参12g，西洋参9g，再加上石菖蒲、郁金、升麻等通窍醒神、升提之品4剂，并告诉家属，如若有效，不出四日，即会有好转。至第四天清早，宋师接到了患者家属打来的电话，告知患者病情有所好转，惊喜、感谢之余邀请宋师再次会诊。

　　第二次出诊时，老人已经呼之能应，眼睛能够睁开，但神志还未完全清醒，体温也有所下降，大便较前有所改善，已呈糊状，但频次较多。于是，宋老师又开出第二张方子，在第一张方子的基础上将人参、西洋参用量减量，适当加入调脾胃的药以补养后天之本。就这样不断调整方药，1个月后，患者体温恢复正常，神志开始清晰，大便逐渐成形。服药2个月后，患者能够坐在椅子上看电视，坐在沙发上练习和欣赏书法，偶尔看着夕阳品品茶。人参在这个病案中实际上是起到对生命的支撑作用，在患者生命快沉下去的时候支撑起他。这就好比一部车，如果发动机坏了，就算油箱里的汽油加得再满，火点不着，也无法启动。中药起的就是点火作用，火点燃了，人体进入正常新陈代谢，再通过现代医学手段进行抗感染、实现多脏器支持和营养支持等。因此，中西医学并无孰优孰劣之说，两者当扬长避短，互相结合，才能真正起到起死回生的作用。同时，这也是一例甘温除大热、回阳救逆的典型案例。对于这个患者，并不是见其体温升高就予以石膏等大寒之品降低体温，而是要用甘温之法，祛除大热。

还有一位老年女性患者，70岁，半年前查出直肠癌，于浙江大学附属第一医院做了手术切除。尽管术程顺利，但术后开始出现大便次数增多，便意频频，频繁如厕，在遵嘱行肛门括约肌锻炼后，仍然未见效果。面对痛苦和折磨，患者出院后四处打听求医，希望遇上良医帮助自己解决病痛。先后至多名医师处就诊及服药，收效甚微。后来经人介绍，辗转至宋师门诊。患者一见到宋师，即直言自己已无信心继续医治。宋师耐心安慰，详细询问。患者将自己的状况说与宋师，并补充道：即使是躺在床上，稍不留神，大便便也会流出。根据患者的症状表现及舌苔脉象，宋师考虑到是中气不固，气虚下陷所致，故予以补中益气汤加减，以补中益气、升阳举陷。患者服用7剂后，病愈。患者及家属感激涕零，并自此之后成为宋师的"铁粉"。宋师看到患者恢复健康，能够开心幸福地生活，也是倍加欣慰。

从医数十年，宋师在临床中不断用自己精湛的医术为更多的患者解除痛楚，治病救人。

第二节　辨证论治间质肺

间质性肺疾病亦称作弥漫性实质性肺疾病，是一组主要累及肺间质、肺泡、细支气管、肺小血管，以弥漫性肺实质、肺泡炎症变化和间质纤维化为基本病变的肺部弥漫性异质性疾病。临床上以进行性加重的呼吸困难、咳嗽、肺部可闻及吸气相爆裂音为主要表现，肺功能检查可呈限制性通气功能障碍、弥散功能降低及影像学上的双肺弥漫性病变等表现。其最终病理结局是肺间质纤维化和肺功能的丧失。

间质性肺疾病由于病机的复杂性与病因的多样性，现代医学尚缺乏有效的治疗手段。目前中医病名也未统一，现诸多医家根据其临床表现，将其归为"喘证""痰饮""咳嗽""肺痿""肺胀""肺痹""肺络病"等疾病范畴，或从"痹"论，或从"痿"治。宋师长期从事间质性肺病的诊疗工作，认为本病属于中医学"肺痿""肺痹"之范畴，与"痰""瘀""毒"等病理因素有着密切联系。因此，在临证中，主张"从络病论治"本病，从"痰""瘀""毒"入手，辨证论治，取得了较好的治疗效果。

本病病位当在肺络。络脉最早出自《黄帝内经》，是贯通全身的网络，"双向流动""满溢渗注"，具有沟通表里、渗灌气血、贯通营卫、经气环流等功能。其中肺络是指布散于肺和肺系的络脉，乃气血、津液汇聚之处，类似于现代解剖学中肺内的小血管、肺内气管、支气管、淋巴管及肺间质等结构。邪入于络脉则发为络病。"肺为华盖""肺合皮毛",六淫毒邪侵袭,肺络首当其冲;"肺朝百脉,主治节",全身络脉病变均易累及于肺络。宋师根据"初为气结在经,久则血伤入络"理论,结合间质性肺疾病多呈慢性病程、反复发作、进行性加重的特点,以及"常嗽不断、喘息上气、发作有时、渐觉瘦悴"的临床表现,认为其符合中医学"久病入络"理论,故提出间质性肺病为"肺络病",其病位当在肺络。

宋师认为"肺痿"与"肺痹"属于间质性肺疾病不同阶段的病理表现,两者有所不同。例如,当痰瘀搏结于肺络,气血运行不畅时属"肺痹";若久病肺脏虚损,肺气痿弱不振,则属"肺痿"。但是临证时多数为迁延患者,故两者兼有,难以截然分开,总属本虚标实之证。

一、病因病机

络病不同于六经病变,具有发病部位广泛、不易传变、多为有形之邪积滞等特点。肺络之为病,盖因肺络从牛,络体细小,易为有形之邪积滞痹阻,络气不通,则痹塞气血,进而痰浊(热)壅盛,瘀毒内结,久病肺脏虚损,络枯不荣,肺失濡润,肺叶痿弱不用。

(1)毒邪犯肺。间质性肺疾病之初,可因有毒之邪犯肺,而致肺失宣降,肺络闭塞,日久五脏失调,津液停聚、气血瘀滞、疏通不利,痰瘀阻于肺络,气机调畅不达,外邪引动内毒遂发为本病;不同的毒邪常与时令、气候、环境有关,但从皮毛和口鼻而入伤人。如湿毒、风毒多从皮肤侵入,热毒、燥毒、火毒、环境毒邪多从口鼻侵入。

(2)六淫之邪犯肺。《辨证录》曰:"肺痹之成于气虚尽人而不知也……肺气受伤而风寒湿之邪遂填塞肺窍而成痹矣。"外感六淫之邪犯肺,反复发作,邪热熏蒸,肺之阴津耗伤发为本病;亦可为风寒湿三邪杂合而至,发为痹证,内舍于肺而成肺痹。

(3)内伤七情致病。七情内伤,阻滞气机,气机运行不畅,痰瘀由生,可累及肺络发为本病。

由此可见,痰、瘀、毒为本病的病理关键。"热在上焦,因咳为肺痿"。宋师认为热毒为本病始动因素,"痰由热生""热不更泄,搏血为瘀",痰热与瘀血皆为热毒的病理产物;又因"气血虚者,其经络多瘀滞"，若肺络空虚，气血运行迟缓，气不布津，津聚成痰，或血停留局部为瘀，痰瘀亦可郁而化生热毒。痰、瘀、毒互结，贯穿本病始终。

二、辨证论治

宋师认为，本病以痰、瘀、毒为标，痹阻肺络，外邪犯肺为诱因，以致病情反复，故其治疗当以通络为要，同时注重宣肺祛邪；久病肺虚为本，连及脾肾，主张治肺的同时兼顾脾肾。宋康教授善用清、消、补三法，以清解通络、固本祛邪为总体治疗原则，并依据病情进展将本病分为五期，审期论治。

1.痰热壅肺，络阻不通

间质性肺疾病初起，痰热"痹"络。症见咳嗽，咳痰色黄或质黏稠，伴气急，胸闷喘促，或发热，或胸痛，或烦躁汗出，舌红，苔黄或厚腻，脉滑数。

治法：清热化痰散结。

方药：千金苇茎汤（《备急千金要方》）加减，以清热化痰散结；再辅以鱼腥草、肺形草、黄芩、虎杖、桃仁、丹参等清热活血之品。

2.毒阻肺络，热毒炽盛

间质性肺疾病急性加重时，热毒炽盛，"痹"阻肺络。症见高热，肌肉酸楚，关节疼痛，咳嗽痰黄，喘促气急，面红目赤，小便短赤，舌红，苔黄，脉数。

治法：清热解毒，通络散结。

方药：宋师治疗此证，验方多以大剂清热药物为主，辅以散结之品。临床上常重用虎杖30g为君，联合鱼腥草、肺形草、败酱草、半枝莲、半边莲、蛇舌草等清肺解毒之药，根据患者病情，灵活运用桔梗、威灵仙、僵蚕、地龙、石见穿、生牡蛎等散结之品，以通利肺络。

3.肺痿肾虚，痰瘀阻痹

间质性肺疾病亚急性期，瘀、痹夹杂，络痹为主，兼见肺痿肾虚。症见喘息气短，胸闷咳嗽，咳吐白黏痰，呼多吸少，动则喘憋气短加重，喘促，神疲乏力或自汗，舌暗红，苔白腻，脉细滑。

治法：降气平喘，化瘀通络。

方药：临床多用射干麻黄汤（《金匮要略》）或苏子降气汤（《太平惠

民和剂局方》）加减，联合黄芪、人参、蛤蚧、肉苁蓉等补肺纳气，同时加用三棱、莪术等化瘀通络。

4.肺肾阳虚，络寒经痹

间质性肺疾病慢性期，痿、痹夹杂，肺肾阳虚，肺痿较甚。症见喘息进行性加重，呼多吸少，动则尤甚，咳吐涎沫，心悸气短，腰酸肢冷，舌暗红，苔白滑，脉细弱。

治法：温经益气，祛风通络。

方药：宋师主张以阳和汤（《外科证治全生集》）加减，以奏散寒通滞之功；常合用全蝎、蜈蚣等搜风通络之品，以疏通肺络。且"温阳必补气"，由于此期患者多有气血亏虚之证，故常加黄芪、当归、赤芍、红花补气活血，以增温通之效。

5.肺痿阴亏，络枯不荣

间质性肺疾病慢性期，肺阴耗伤，络枯不荣，肺痿不用。症见咳唾涎沫，短气喘息，咽干口燥，或手足心热，或盗汗，乏力，消瘦，纳差，舌淡暗，苔少，脉沉细。

治法：滋阴润肺，荣络通痹。

方药：宋师临证中多用沙参麦冬汤（《温病条辨》）加减以补养肺阴，辅以怀山药、茯苓、炒白术、黄芪补土生金。又"善补阴者必阳中求阴"可稍加桂枝、仙灵脾等通阳之品，以奏阴生阳长之效。

三、临床治验

案1

楼某，男，71岁，初诊日期：2017年11月24日。

主诉：患者反复咳嗽伴气急4月余。

初诊：咳嗽痰黄，喘促气急，活动后尤甚，面色红赤。2017年11月24日肺功能示：弥散功能中度减低（DLCO-SB：58.3%），胸部HRCT示：两肺间质性改变。双肺下可闻及干湿啰音。既往痛风病史。常有关节疼痛，纳寐可，二便无殊，舌质红，苔黄，脉细。

中医诊断：肺痹（毒阻肺络，热毒炽盛证）。

西医诊断：间质性肺疾病。

辨证：患者咳嗽日久，肺失宣降，肺络闭塞，津液停聚、气血瘀滞、疏通不利，以致痰瘀阻于肺络，痰瘀与热毒相结，故见咳嗽痰黄、喘促气急等表现。

治法：清热解毒，通络散结。

处方：虎杖15g，浙贝母15g，鱼腥草15g，半边莲15g，瓜蒌皮10g，紫苏子12g，枇杷叶9g，地肤子9g，苦杏仁9g，蝉衣6g，肺形草15g，炙冬花10g，前胡9g，桔梗6g，半枝莲15g，鳖甲9g，煅龙骨30g，煅牡蛎30g，炙百部10g，甘草6g。7剂，水煎服，分2次温服。

加用西药乙酰半胱氨酸泡腾片，每天2次，每次0.6g口服。

二诊（2017年12月15日）：咳嗽气急较前缓解，仍有咳痰，量多，色黄，面色稍红，纳寐可，二便尚调，舌质红，苔薄黄，脉细。

处方：虎杖15g，浙贝母15g，鱼腥草15g，半边莲15g，紫苏子12g，枇杷叶9g，地肤子9g，苦杏仁9g，蝉衣6g，肺形草15g，炙冬花10g，前胡9g，桔梗6g，半枝莲15g，鳖甲9g，煅龙骨30g，煅牡蛎30g，炙紫菀9g，甘草6g，米仁30g。14剂，水煎服，分2次温服。

三诊（2018年1月19日）：气急缓解，咳嗽咳痰较前减少，面色红润，纳寐可，二便调，舌红，苔薄黄，脉细。

处方：上方加乌元参9g。14剂，水煎服，分2次温服。

四诊（2018年3月9日）：诸症较前明显缓解，咳嗽基本消失，痰少，偶有晨起时咳吐黄痰，气急好转，纳寐可，二便调，舌红，苔薄黄，脉细。

处方：上方加王不留行6g，炒竹茹9g。14剂，水煎服，分2次温服。

五诊（2018年4月13日）：经过调治后，病情稳定，复查肺功能示：弥散功能轻度减低（DLCO-SB：60.9%）。

处方：上方加地龙9g，僵蚕9g。14剂，水煎服，分2次温服。

后患者诸症控制可，此后随诊加减至2018年10月，复查肺功能显示：弥散功能较前改善（DLCO-SB：72.7%）。目前患者仍在治疗中，诸症平稳，生活幸福。

按：间质性肺疾病病情复杂，早期诊断，及时治疗，往往能取得较好的效果。此病大多病程较长，常出现痰、瘀、毒互相夹杂。其病机为本虚标实，故治疗时应当先应用清热宣肺，祛痰通络之品，兼顾软坚散结。本例患者热毒犯肺，灼伤肺络，治疗时应清热解毒，通络祛痰。方中选前胡、苏子、杏仁、枇杷叶、蝉衣等轻宣之品以调畅肺气，降气平喘，与煅龙骨、煅牡蛎等沉降重镇之品同用以助平喘，并能恢复肺气宣发肃降的生理功能。再加鱼腥草、半枝莲、半边莲、虎杖以清热毒；米仁、浙贝母、桔梗以散痰结，鳖甲散瘀结，后加用地龙、僵蚕，共奏通络之效。此后随症加减应用王不留行、竹茹之品，既能够清热祛痰，又兼软化顽痰、老痰之功。

案2

李某，男，65岁，初诊日期：2018年5月25日。

主诉：咳嗽咳痰半年余。

初诊：半年前患者确诊为间质性肺疾病，晨起咳嗽咳痰，痰色白，可咳出，伴有咽痒，服用乙酰半胱氨酸泡腾片及百令胶囊半年。就诊时患者晨起咳嗽咳痰，痰多色黄，质黏，伴口干口苦，胃纳可，二便调，舌质红，苔薄黄，脉弦。2018年3月肺功能示：弥散功能轻度减低（DLCO-SB：66.8%）。

中医诊断：肺痹（痰热壅肺证）。

西医诊断：间质性肺疾病。

辨证：患者素有宿痰，内蕴日久化热，痰热互结，壅阻于肺，肺失宣降则致咳嗽咳痰，痰多色黄；热灼津液，故有口干口苦、痰黏。

治法：清热化痰散结。

处方：前胡9g，紫苏子12g，苦杏仁9g，枇杷叶9g，蝉衣6g，桔梗6g，浙贝15g，鱼腥草15g，肺形草15g，炙百部10g，炙冬花10g，地肤子9g，鲜芦根75g，茜草9g，王不留行6g，虎杖15g，北沙参12g，牡蛎30g，乌元参9g，半枝莲15g，半边莲15g，甘草6g。7剂，水煎服，分2次温服。

二诊（2018年6月1日）：患者仍有咳嗽咳痰，痰色黄，量多，口干口苦较前缓解，胃纳可，二便调，舌质红，苔薄黄，脉弦。

处方：原方基础上去北沙参，加桑白皮12g，淡竹茹10g，陈皮9g，姜半夏9g，茯苓12g。

三诊（2018年6月22日）：患者咳嗽咳痰较前减少，痰量少，无口干口苦感，胃纳可，二便调，舌质红，苔薄黄，脉弦。

处方：上方基础上去王不留行、虎杖、半枝莲、半边莲，加地龙9g，僵蚕9g。

四诊（2018年6月29日）：患者无明显咳嗽咳痰，咳痰量少，晨起可咳痰，痰色稍黄，胃纳可，二便调，舌质红，苔薄，脉弦。守方治疗。此后患者随诊加减至今，诸症控制可。

按：本病病位在肺络，急性发作时痰热壅肺，络阻不通，故临证时多从痰热论治。本例中，宋康教授重用鲜芦根（75g）、虎杖清热化痰通络；

毒阻肺热者，选用鱼腥草、肺形草、虎杖、半枝莲、半边莲等清肺解毒；地肤子、茜草、元参、王不留行、牡蛎清热化瘀，散结通络；前胡、苏子、杏仁、枇杷叶、桔梗等药对宣降肺气，调畅气机；此案中加入桑白皮，能够加强清宣肺热，化痰止咳之力；茯苓、姜半夏、陈皮不仅能够祛痰湿，还能健脾理气以绝痰源。

第三节　哮喘阶梯中药疗

　　支气管哮喘是呼吸系统的常见病、多发病和难治病之一。它是一种由多种细胞包括嗜酸粒细胞、肥大细胞、T淋巴细胞、中性粒细胞、平滑肌细胞、气道上皮细胞等炎症细胞，以及相关细胞组分参与的气道慢性炎症性疾病。主要以反复发作的喘息、气急、胸闷或咳嗽等为临床症状，常在夜间及凌晨发作或加重。近年来，全球罹患哮喘的人数逐年上升，每年全球因哮喘死亡的人数高达几十万，我国哮喘患病率也逐年上升，病死率较高。目前对于哮喘的治疗，现代医学主要以吸氧、抗炎、平喘、解痉对症治疗为主，如吸入性糖皮质激素、β_2受体激动剂、白三烯拮抗剂等，这些药物虽然在治疗哮喘中取得了较好的疗效，但也存在着患者依从性差、不耐受、费用高等缺点，以至于部分患者病情反复，出现了不可逆性的气道重塑。中医注重整体功能的调整，且中医药的整体调节优势在防治哮喘复发和加重方面具有确切和稳定的作用，许多哮喘患者转向中医治疗。

　　哮喘在中医学中属于"哮病""喘证"等范畴。一般认为，哮病的病机为"宿痰伏肺"，因外邪侵袭、饮食不当、情志刺激、体虚劳倦等因素引动宿痰而触发，以致痰壅气道，肺脏宣降失司，出现喉间哮鸣音、呼吸困难、甚至喘息不得平卧等。根据多年临床经验及哮喘病因病机，宋师强调分期治疗支气管哮喘，急性发作期多从实而论，主张宣外邪、燥痰湿、理气机；稳定期多从虚而治，重在补肺、脾、肾三脏。

一、病因病机

1. 痰饮

　　《素问·阴阳别论》中曰："阴争于内，阳扰于外，魄汗未藏，四逆而起，起则熏肺，使人喘鸣"；并称其为"喘喝""喘鸣"。张仲景在《金匮要略・肺痿肺痈咳嗽上气病脉症并治》写到："咳而上气，喉中水鸡声，射干麻黄汤主之"，指出了哮喘发作时的症状特点及遣方用药，并从病理的角度对哮喘进行了划分，认为其属于"伏饮"的范畴。元代朱丹溪《幼科全书》中谈及"哮喘有二，不离痰火，有卒感风寒而得者……"，阐明其病机专主于痰、火，并在《丹溪心法・哮喘》中，首次将哮喘作为独立的疾病专论成篇，阐明其理、法、方、药。明代戴元礼在《秘传证治要诀及类方》明确提出了哮喘的"宿根"学说，他认为："喘气之病。哮吼如水鸡之声，牵引胸背，气不得息，坐卧不安此谓嗽而气喘，或宿有此根。"李用粹所著的《证治汇补》中指出"内有壅塞之气，外有非时之感，膈有胶固之痰"为哮喘发病的总病机。宋师认为：哮病者，以"宿痰内伏"为其宿根，且宿痰伏肺，不止于肺脏，而关乎整个肺系（即整个呼吸道，包括鼻、鼻窍）。故治疗时，应当不忘其本，从痰论治。

2. 脏器虚衰

《诸病源候论》曾言："水饮停积，结聚为痰，人皆有之，少者不能为害，若多则成病"，指出水饮停滞多则生成痰饮。《黄帝内经》有云"肺为水之上源，肾为水之下源"。肺肾两脏主管全身水道的通利，肺脏主津液之疏布，肾脏主津液之排泄。若肾元虚衰，无法温阳气化水液，则上源水道拥堵，凝结聚集，生痰则伏于肺内，此宿根痰饮形成的原因之一。脾主布散水谷精微于全身，并营养周身，当脾气不足时，或过食肥甘厚味，水谷精微不能及时得到疏布，凝聚为痰。《黄帝内经》有云："脾为生痰之源，肺为贮痰之器。"《证治汇补・喘病》曰："哮即痰喘至久而常发者，因内有壅塞之气，外有非时之感，膈有胶固之痰，三者相合，闭拒气道，搏击有声，发为哮病。"《景岳全书》也有云："夫痰即水也，其本在肾……在肾者以水不归原，水泛为痰也，故治痰者，必当温脾强肾，以治痰之本，使根本渐充，则痰将不治而自去矣。"由此可见，宿痰的形成主要则之于肺、脾、肾三脏，哮证应当属于本虚标实之证。因此，宋师在临证中十分重视肺、脾、肾三脏的调护，根据不同的临床表现，辨证论治。

3. 外邪侵袭

宋师认为，哮喘虽责之"伏痰"，但其发生必有各种诱因。早在《素问・风论》中就有提及："风为百病之长""风为六淫之首"，后世也有众多医家从"风"论治哮喘，并且取得了较好的临床疗效。《太平圣惠方·咳嗽论》云："夫气者肺之所主，若肺虚为风冷所搏，则经络痞涩，气道不利，嗽而作声也……喉中作呀呷声。"张景岳曾提出"火盛伤金为喘"的论述。后世医家将其总结概括，不外乎风、寒、火、痰、瘀、虚这几种病因。宋师认为外邪侵袭，犯于皮毛，阻碍肺窍，而致肺失宣降，气机不利，气不行津，津不运化，而致痰浊内生，壅遏于肺，进而发为哮喘。故在治疗中常结合病情配伍相应的祛邪之品。

4. 情志、劳倦所伤

《症因脉治·哮病》曰："哮病之因，结成巢臼，潜伏于内，偶有七情之犯，饮食之伤，或有时令之风寒束其肌表，则哮喘之症作矣"，可见除外邪侵袭外，劳倦、七情内伤等也会诱发哮喘的发作。宋师认为情志抑郁、惊恐恼怒、或劳累乏力后，可致使气机逆乱，肺失宣肃，引发哮喘。

5. 饮食不当

清代沈金鳌在《幼科释谜》便已注意到哮喘与饮食的关系，《幼科释谜》曰："哮专主痰，与气相撩，或嗜咸醋，膈腕煎熬，口开呷吸，口闭呀嗽，呀呷二音，乃合成哮"，并根据致病原因的特殊性对哮喘进行分类，将其分为食哮、水哮、风痰哮及年久哮。宋师认为饮食不当致脾失健运，湿浊内生，上犯于肺，而发哮喘。过食生冷，伤及脾脏，津液凝聚，以致寒饮内生；或嗜食肥甘厚味，痰热内蕴，引动宿痰而发哮喘。

二、辨证论治

在哮喘的治疗上，宋师提出首辨既发与未发，"未发以扶助正气为主，既发以攻邪气为急"，中医分别治以祛邪、扶正之法。

（一）急性发作期

急则攻邪治其标，从痰论治。宋师认为"哮喘"之病，本虚标实，其中虚多指肺、脾、肾诸脏亏虚，标实多指"伏痰"。本病易于反复发作，迁延难愈，其关键症结在于内有"宿痰"，每遇外邪、异物、饮食不节、情志不畅等因素，可引动伏痰，气上痰动，痰气互阻，而发喘鸣；从现代医学角度而言，哮喘的发病离不开气道炎症及气道高反应，气道炎症不断刺激气道上皮，引起黏膜水肿渗出增多，属于中医的病理产物"痰"。

1. 祛风脱敏法

哮喘患者多为过敏体质，接触相应过敏源后出现鼻痒、鼻塞、喷嚏、咳喘等现象，且多有遗传倾向。宋师认为，哮喘之源，宿痰伏内，外感而发，诱因者尤以风邪居多。"风为百病之长""痒则为风""风善行而数变""风胜则挛急"。风胜则痒，鼻痒故致喷嚏频作，咽痒而咳不止；风胜则挛急，引动宿痰，气道挛急而发喉中哮鸣、气急喘息。宋师以祛风脱敏法为主，常用方药为苏子、前胡、荆芥、防风、地肤子、紫草、蝉衣、地龙、炙麻黄、炙百部、炙冬花、甘草等。方中前胡、苏子宣降肺气，调畅气机；炙百部、炙冬花润肺止咳；炙麻黄宣肺平喘；地龙通络平喘；紫草、地肤子、防风、荆芥、蝉衣祛风脱敏；甘草调和诸药。全方升降相宜，标本兼治，润而不燥，是宋师多年临床遣方用药经验所得。

2. 理气化痰法

参照《素问·示从容论》"咳喘者，是水气并阳明也"，考虑水气泛溢于胃，久咳而致肺气耗损，气不化津，痰饮内生。内生痰饮，必致气机阻滞，进一步影响肺之宣降功能，使津失输布，聚而为痰。肺为清虚之脏，宜清不宜浊，痰浊内伏于肺，痰阻气道则诱发喘咳。故治疗应兼顾痰与气，治以理气化痰之法。宋师常以半夏配陈皮。半夏辛行温燥，祛胸中痰涎；陈皮化痰和胃，健脾理气。两者皆入肺脏，增强消痰理气之功。桔梗配伍枳壳。桔梗辛苦性平，宣肺之郁，利咽之痰；枳壳降气化痰，开胸畅肠。肺肠相表里，肠道之气得顺，肺气肃降得行。两者配伍，宣上顺下，疏气祛痰并行。

3. 疏肝解郁法

肺主气，司呼吸，肝主疏泄，两者共同调节全身气机升降，维持气血运行通畅；在病理方面，肝肺互相克制。赵献可在《医贯》中言"外感、饮食或七情内伤，郁而生痰……一身之痰，皆能令人喘"。情志不遂，多责之于肝，肝气不升，则肺气难降，肝肺升降失序，气郁痰凝，痰气交阻，影响肺气肃降而发哮喘。临床上表现为咳嗽咳痰，胸闷气促，喉中痰鸣，胸胁胀痛不适，平素性急易怒，伴口干口苦，苔黄腻，脉弦滑等。宋师认为此证病机为肝郁气滞为先，肝气上逆，上犯于肺，引动伏痰而发哮喘。此证治宜疏肝解郁、化痰平喘。宋师临床中多用柴胡、白芍、郁金、枳壳、香附、佛手、前胡、苏子、杏仁、桔梗等疏肝解郁，化痰平喘之品，同时劝导患者移情易性，排遣心中郁闷，亦能起到良好的效果。柴胡辛苦，归肝胆经，功在疏肝解郁，可散诸经血凝气聚；配白芍柔肝养血，两者配伍使肝气舒畅而无耗伤阴血之弊；枳壳、郁金，行气解郁，且郁金能凉血破瘀；香附，香而能窜，可上行胸膈，外达皮肤，可解周身气机郁滞，与柴胡相伍，增强行气解郁之力；佛手疏肝理气，与杏仁、前胡配伍可增强平喘化痰之力。同时，宋师认为气为血之帅，气机不舒，则血运亦不畅，易生瘀血，反过来，瘀血又可进一步加重气郁，因此，宋师在疏肝解郁之余常少佐丹参、赤芍、红花等活血化瘀之品，以达气助血行，血载气行之效。

4. 活血化瘀法

痰饮、瘀血是人体的病理产物，诸多病因均可产生痰饮、瘀血。肺主气，生成宗气以贯心脉、行气血，若痰浊蕴肺，肺失宣降，宗气不足，运血乏力，最终出现心脉不畅，肺部瘀血。痰瘀互结，脏腑虚损，本虚标实互为因果，造成恶性循环，则病程缠绵难愈。因此，宋师认为，痰和瘀是哮喘发生的重要因素，因此化痰与活血应贯穿哮喘治疗的始终。常用药有紫菀、百部、瓜蒌、半夏、川芎、丹参等，使痰去瘀化，气血流通，脏器平调，机体康健。另常在临证中配以虫类药，如僵蚕、地龙、穿山甲等，以搜络祛痰化瘀。

（二）缓解期

哮喘"伏痰"之发生，责之于肺、脾、肾三脏功能失调。肺为水之上源，宣降之能失司，津液运输失常，内生痰饮；日久肺气受损，子盗母气，脾失健运，出现津液运化不利，气之升降失常，痰湿内生。"脾为生痰之源，肺为贮痰之器"，痰湿上宿于肺；肾主纳气，肾为气之根，肺脏呼吸之功，需肾之纳气来协助，故肾元不固，摄纳失常，气不归元，阴阳不续，而致气逆于肺；且肾为水脏，主津液，肾脏蒸化无力，则水无所主，肾气不化则饮邪上泛，而致咳喘。哮喘反复发作，日久而致肺脾肾虚，加重痰饮之患。故在缓解期哮喘的治疗上，宋师除了治痰之标，十分注重固护肺、脾、肾三脏，以求更好的治疗效果。

1. 益肺固表，健脾祛痰

脾为生痰之源，湿浊困脾或脾虚失运，痰阻气道，使得肺之宣降失常，而造成喘息、咳痰、胸闷、气急等症，宋师在运用前胡、苏子、杏仁、枇杷叶等降肺化痰药基础上，常合用苍术、白术、厚朴、陈皮、天竺黄、生竹茹、姜半夏、茯苓、莱菔子等药，燥湿健脾使得痰消气顺，同时加用益肺固表之方药，常选用玉屏风散。若有脾虚者，可加入炒白术、茯苓、扁豆等健脾之品，以绝痰源。考虑"善治痰者，不治痰而治气，气顺则一身津液亦随气而顺矣"，故健脾之余也会加入陈皮、佛手、绿梅花等，达到理气化痰的效果。

2. 纳肺补肾，固本平喘

哮喘病久，肺阴受损，由实而虚，肺虚则母不荫子，久之肺虚及肾，上损及下，累及于肾，肾气不足，摄纳无权。久病咳喘，母病及子，肾气虚衰，水泛为痰。肺主气，司呼吸，肾藏精而主纳气，肺为气之主，肾为气之根，只有肾精气充盛，封藏功能正常，才能维持呼吸的深度；若肾气不足，摄纳无权，肺吸入之清气不能下纳于肾，临床可见动则喘息、呼吸表浅、呼多吸少、不耐劳累、畏寒神疲，或盗汗、手足心热、脉沉细等。偏阳虚者兼有畏寒肢冷、小便清长、脉沉弱等肾阳不足的表现；偏阴虚者兼有腰酸、口干、舌红少津、脉细数等症。宋师通常在黄芪、白术、防风、苏子、前胡等益气消痰药物的基础上，配以百合、麦冬、石斛、五味子、女贞子、龟板等滋补肾阴，或菟丝子、补骨脂、紫河车、仙茅、仙灵脾、鹿角霜、生熟地、山萸肉、怀山药、虫草等温补肾阳，重在固本平喘，金水双调，祛痰培本。

宋师认为哮喘一旦进入缓解期，即应扶正固本，从肺、脾、肾三脏入手，以培补肺、脾、肾之气。此外，体质也是哮喘发生的重要因素，应根据不同患者的体质予以相应的治疗。

（三）临床治验

案1

袁某，女，46岁，初诊日期：2018年8月3日。

主诉：咳嗽气急一年余。

初诊：患者咳嗽气急，偶有咳痰，痰量少，色白，平素易外感，偶有鼻塞感。2018年8月3日查肺功能示：①小气道通气功能减退；②支气管舒张试验示：FEV_1下降率为17%，FEV_1绝对值减少360ml。胃纳一般，二便无殊，夜寐一般，舌淡，苔薄，有齿痕，脉细滑。

中医诊断：哮病（肺脾两虚证）。

西医诊断：支气管哮喘。

辨证：咳嗽日久，肺气受损，子盗母气，脾失健运，痰湿内生，阻于气道，使得肺之宣降失常，而造成咳嗽、咳痰、气急等症。

治法：益肺固表，健脾祛痰。

处方：射干6g，苦杏仁9g，枇杷叶9g，蝉衣6g，前胡9g，紫苏子12g，炙冬花10g，炙百部10g，陈皮9g，姜半夏9g，地肤子9g，茯苓15g，广藿香9g，苏叶10g，白芷9g，甘草6g。7剂，水煎服，每日1剂，分早晚2次饭后温服。

西药予以布地奈德福莫特罗粉吸入剂（信必可）（160μg/4.5μg）1支，每次一吸，每日2次。复方甲氧那明（阿斯美）60片，每次1粒，每日3次。孟鲁司特钠（顺尔宁）2盒，每次10mg，每晚1次。

二诊（2018年8月10日）：咳嗽气急较前缓解，咳痰较前增多，痰色白，易咳出，胃纳可，夜寐一般，二便尚调，舌淡，苔薄，有齿痕，脉细滑。

处方：上方加入鲜芦根45g，茜草9g。14剂，水煎服，分早晚2次饭后温服。

三诊（2018年8月24日）：患者咳嗽好转，气急减少，仍有咳痰，痰色白，能咳出，胃纳可，夜寐一般，二便尚调，舌淡，苔薄，舌边齿痕变淡，脉滑。守方治疗。

四诊（2018年9月7日）：咳嗽、气急频作，咳痰较前缓解，痰量少，色白，能咳出，胃纳可，夜寐无殊，二便调，舌淡，苔薄，脉滑。

处方：上方中加薄荷5g，煅龙骨15g，煅牡蛎15g。14剂，水煎服，分早晚2次饭后温服。

五诊（2018年9月21日）：仍有咳嗽，无明显气急，咽中异物感，咽痒，咳嗽痰白，量少，易咳出，胃纳可，夜寐无殊，二便调，舌淡，苔薄，脉滑。

处方：上方中，去煅龙骨、煅牡蛎，加用石菖蒲10g，鱼腥草15g。14剂，水煎服，分早晚2次饭后温服。

六诊（2018年10月19日）：患者咳嗽、气急缓解，无明显咳痰，纳寐可，二便调，舌淡红，苔薄，脉滑。

处方：上方去鲜芦根，加入旱莲草15g。14剂，水煎服，分早晚2次饭后温服。

七诊（2018年11月16日）：患者诸症控制可，复查肺功能示：小气道功能改善，激发试验阴性。纳寐可，二便调，舌淡红，苔薄，脉细数。

处方：上方中去薄荷，加桑白皮10g，地骨皮15g。14剂，水煎服，分早晚2次饭后温服。

八诊（2018年11月30日）：咳嗽咳痰，痰色白，量中等，无明显气急，纳寐可，二便调，舌淡红，苔薄，脉弦细。

处方：上方加鲜芦根60g，生米仁30g。14剂，水煎服，分早晚2次饭后温服。

九诊（2018年12月14日）：咳嗽咳痰减少，痰少色稍黄，未见明显气急，纳寐可，二便调，舌淡红，苔薄，脉弦细。

处方：上方去桑白皮、地骨皮，加黄芩9g。14剂，水煎服，分早晚2次饭后温服。

患者诸症控制可，此后随诊加减至今，诸症平稳。

按：本例患者咳嗽气急持续一年不止，反复发作，并时常伴有咽痒，支气管舒张试验阳性，符合哮喘诊断。平素易外感，说明肺气已虚，且久咳更易伤气，日久肺气受损，子盗母气，脾失健运，津液运化失常，气之升降失常，无以化湿，痰湿内生，脾肺气虚则易生痰。痰饮产生之后，必然要蕴积气道，使呼吸气机不利，造成咳嗽，甚则胸闷、喘促，故治痰必不可少，而治痰之要，首先是恢复脾胃的运化功能，"脾为生痰之源，肺为贮痰之器"，脾胃运化复健则痰无从生，痰除则咳喘自愈。方中射干、杏仁、苏子降气止咳；枇杷叶、前胡宣肺止咳，宣降结合，通调气机，止咳平喘，调畅气机，且枇杷叶能降胃气，以防咳甚呕逆；炙百部、炙冬花润肺止咳；半夏燥湿化痰，陈皮理气健脾，和胃化痰，茯苓甘淡渗利，健脾渗湿，三药均入脾经，合用脾可健，湿可去，痰自化。其后在临证中，患者自述痰多，加入鲜芦根、米仁以祛痰排脓。加地骨皮、桑白皮，桑白皮专入肺经，清泻肺热，止咳平喘；地骨皮甘寒，能清降肺中伏火。

案2

倪某，女，41岁，初诊日期：2018年8月31日。

主诉：咳嗽咳痰伴气短一月余。

初诊：一月余前患者突发咳嗽，自觉气短，2018年8月1日胸部CT示：右侧少量胸腔积液，右肺下叶小结节。一月来咳嗽咳痰，夜间尤甚，痰量少，色白，不易咳出，自觉喉间有痰，时感胸闷气短。初诊时查肺通气功能及支气管激发试验显示：通气功能正常，支气管激发试验阳性。平素心情不畅，胃纳一般，二便无殊，夜寐欠安，舌淡红，苔薄白，脉弦。

中医诊断：哮病（冷哮）。

西医诊断：支气管哮喘。

辨证：肺气不降，肝气不疏，肝肺升降失序，气郁痰凝，痰气交阻，影响肺气肃降而发哮喘。

治法：化痰平喘，疏肝理气。

处方：前胡9g，紫苏子12g，苦杏仁9g，枇杷叶9g，蝉衣6g，桔梗6g，浙贝15g，肺形草15g，炙百部10g，炙冬花10g，地肤子9g，鲜芦根45g，西青果3g，薄荷6g，茯苓皮15g，玫瑰花6g，绿梅花6g。7剂，水煎服，分早晚2次饭后温服。

西药予以切诺2盒，每次1片，每天2次；信必可吸入剂（160μg/4.5μg）一支，每次一吸，每天2次；阿斯美60片，每次1片，每天3次。

二诊（2018年9月7日）：咳嗽较前明显缓解，仍有咳痰，自觉胸中痰阻，咽部不适，偶有胸闷气短，规律使用信必可吸入剂中，胃纳一般，二便无殊，夜寐一般，舌淡红，苔薄白，脉弦。

处方：上方中改百部为炙紫菀，鲜芦根用至60g，加用五味子3g。予以7剂，水煎服，分早晚2次饭后温服。

三诊（2018年9月14日）：咳嗽咳痰减少，阵发性咳嗽咳痰，痰多色白，有阵发性胸闷气急，常有憋闷感。胃纳一般，二便无殊，夜寐欠安，舌淡红，苔薄白，脉弦。

处方：上方加用炙麻黄6g，射干9g，炙甘草6g。14剂，水煎服，分早晚2次饭后温服。

西药予以万托林1瓶，每次一吸，必要时吸入；阿斯美60片，每次1片，每天3次；顺尔宁2盒，每次1片，每晚1次。

四诊（2018年9月28日）：胸闷气急缓解，无明显憋闷感，咳嗽咳痰，晨起咳黄色痰，量中等，胃纳可，二便无殊，夜寐一般，舌淡红，苔薄白，脉弦。

处方：上方去五味子，改炙甘草为生甘草3g，加用淡竹茹9g。14剂，水煎服，分早晚2次饭后温服。

西药信必可吸入剂（160μg/4.5μg）一支，每次一吸，每天2次；阿斯美60片，每次1片，每天3次；顺尔宁2盒，每次1片，每晚1次。

五诊（2018年10月12日）：咳嗽咳痰好转，无明显胸闷气急等不适。胃纳可，二便无殊，夜寐一般，舌淡，苔薄，脉弦。

处方：上方加入煅龙骨15g，煅牡蛎15g，甘草用量调至6g。予14剂，水煎服，分早晚2次饭后温服。

西药予以顺尔宁2盒，每次1片，每晚1次。

六诊（2018年10月26日）：诸症尚平稳，无明显不适。胃纳可，二便无殊，夜寐尚可，舌淡，苔薄，脉弦。

处方：上方去煅龙骨、煅牡蛎，地肤子用量改为12g。14剂，水煎服，分早晚2次饭后温服。

西药予以信必可吸入剂（160μg/4.5μg）一支，每次一吸，每天2次。

七诊（2018年11月9日）：无明显咳嗽咳痰，胸闷气短未见，诸症平稳，无明显不适。胃纳可，二便无殊，夜寐尚可，舌淡，苔薄，脉弦。

处方：上方加金荞麦15g。14剂，水煎服，分早晚2次饭后温服。

西药予以顺尔宁2盒，每次1片，每晚1次。

此后患者诸症平稳，随症加减至2018年11月30日，复查肺功能示：①肺功能通气基本正常；②弥散功能轻度减少；③激发试验阴性。胸部CT示：右肺下叶小结节。目前患者仍在巩固治疗中，诸症尚平稳。

按：方中杏仁、前胡、苏子、桔梗、枇杷叶、蝉衣宣肃并施，升降有序，相得益彰，调畅气机；款冬花宣肺化饮止咳，紫菀泻肺止咳，降逆祛痰，调畅气机，与款冬花相配，一宣一降，调理肺气；绿梅花、玫瑰花疏肝理气；蝉衣辛甘微咸，轻清凉散，祛风解痉，利咽止痒；西青果通利咽窍。本例患者初诊时有少量胸腔积液，故用茯苓皮以利水消肿。后在临证中加入炙麻黄、射干，麻黄宣肺平喘，开达气机，亦能抗过敏；射干泻肺降逆，利咽散结，祛痰化饮；五味子加强敛肺止咳之力；煅龙骨、煅牡蛎等沉降重镇之品与前胡、蝉衣等清宣之品同用以助平喘，恢复肺气宣发肃降之能。

第四节 涤痰祛瘀肺脑病

肺性脑病是多种慢性肺系疾病发展到一定阶段，发生严重的二氧化碳潴留和缺氧所引起的以中枢神经系统障碍为主要表现，出现各种精神障碍和神经症状的一种临床综合征，是多种肺系疾病的严重并发症和常见死因。肺性脑病发病早期可出现记忆力、计算能力下降，精神恍惚，或嗜睡，或兴奋，或有发热、头昏、头痛症状，病情进一步发展会出现不同程度的谵妄、躁动、迟钝，重者则昏迷、抽搐，甚至死亡。肺性脑病是内科急危重症之一，病情进展快，变化多，死亡率极高。

肺性脑病属中医"肺胀""瘀证""厥脱"等范畴。中医认为肺性脑病多为痰浊（热）壅肺，肺气郁滞，腑气不通，心血瘀阻，浊邪蒙窍而致，其病理主要为痰浊、瘀血等错杂交结，因此在治疗上除抗感染、畅通气道、兴奋呼吸中枢、减轻脑水肿、呼吸机改善通气、化痰平喘、纠正酸碱失衡外，宋师根据"痰瘀同治""肺与大肠相为表里"等中医理论，提出采用涤痰通腑祛瘀法综合治疗。

一、病因病机

现代医学认为肺性脑病的发病机制主要是因为高碳酸血症和低氧血症所引起的脑水肿造成，其发病机制可能与二氧化碳潴留、酸中毒、缺氧、离子通道功能紊乱等相关。中医认为，肺性脑病属"肺胀"范畴，肺胀是由多种肺系疾病迁延不愈所致，久病致肺、脾、肾三脏气虚，由虚生痰、生瘀，痰浊、瘀血进一步加重气血亏虚，痰瘀互结，造成虚实错杂。瘀血、痰浊不仅是肺胀的病理产物，同时也是加重病情的重要因素。由此可见，瘀血、痰浊在本病的发生发展过程中至关重要，因此涤痰祛瘀是治疗本病的关键。

肺性脑病多因肺系疾患迁延日久，损伤正气，痰浊潴留、瘀血阻滞、痰热腑结，渐及脑窍，致清窍被蒙，清阳不升，元神失用，神明失主，而发为临床诸症。本病病位在肺、脑，病性属"本虚标实"，以肺、心、脾、肾多脏虚损为本，痰浊瘀热，阻肺蒙窍为标。宋师认为，肺性脑病常为先天禀赋不足，年迈体虚，或劳倦内伤，久病耗损等致心之气、血、阴、阳不足，无力运行血脉，心脉痹阻，痰浊（热）壅肺，痰瘀互结，郁久化热，痰热腑结，而致浊邪蒙闭心窍；其病理主要为浊痰、血瘀、燥屎等错杂交结而成。肺性脑病虽病因病机复杂，但抓住疾病的本质，进行辨证论治，往往能收到满意的疗效。

二、临床治验

宋师认为，对肺性脑病的治疗，临床中既要采用现代医学提出的抗炎解痉，兴奋呼吸中枢，纠正酸碱、水电解质平衡等对症处理，又要应用中医方法综合治疗，以达到更好的治疗效果。由于肺性脑病患者，病程日久，肺脾气虚，无力排痰，故痰液积聚于呼吸道，使用呼吸兴奋剂这一兴奋呼吸中枢，促进肺通气的药物常常不能发挥最佳效果，且痰液集聚，细菌大量繁殖，抗炎药物难以发挥效果。气虚而致无力推动大便，从而引起大便难解。"肺与大肠相表里"，腑气不通，肺气不降，痰热蕴结难去，则病情进一步加重。因此宜选用涤痰祛瘀、通腑开窍之方药，配合西医治疗，可在临床获得更佳疗效，往往可使患者转危为安。

宋师结合多年的临床经验，提出菖蒲郁金汤合温胆汤加减治疗肺性脑病，方药：石菖蒲10g，广郁金10g，制胆星10g，陈皮10g，黄芩9g，丹参9g，枳壳10g，大黄6g，瓜蒌仁10g，钩藤12g，猴枣散1支，人参6g。煎汤灌服。方中石菖蒲辛温，开窍豁痰，醒神健脑，化浊开胃；郁金苦寒，凉血清心，行气解郁，祛瘀止痛。两药伍用，一气一血，一温一寒，豁痰行气，开窍醒脑，相得益彰。猴枣散具有祛风清热，安神定惊，化痰顺气，开胃消积之用，是除痰、镇惊、通窍的常用药物，其药力显著，见效迅速。制胆星味苦性凉，钩藤味甘性凉，二者伍用，共同清化热痰，息风定惊。黄芩主清上焦心肺之热。丹参活血祛瘀，凉血消痈；人参味甘，微苦微温，除善补五脏、滋补元阳外，亦可消胸中痰结。因肺与大肠相表里，肺气不宣则腑气不通；反之，大肠积热，腑气不降，亦可影响肺之肃降，使痰热蕴结不去，故用大黄、枳壳、瓜蒌仁清热通腑，宣肃肺气，泄浊扬清。以上诸药伍用，共奏涤痰祛瘀、通腑开窍之功，使得肺气开宣清肃，腑气通畅，血脉流通，气血交融，神窍清醒。同时，宋师认为，在治疗过程中，使用通腑法时应当中病而止，以免过度而伐耗正气。便溏或阳虚欲脱者禁用。对有明显出血的患者，丹参等活血药应用亦当慎重。患者病情改善、神志转清后则应根据具体情况辨证施治，随症遣药以固后效。

20世纪90年代开始，宋师便采用涤痰通腑祛瘀法治疗呼吸衰竭肺性脑病，并针对35例肺性脑病患者进行了随机、对照临床研究。在两组患者的对比中观察发现，采用涤痰通腑祛瘀法治疗后，其中有13位患者在治疗3天内神志转清，肺性脑病程度改善二级以上；17位患者在5天内病情得到改善，症状缓解。根据这项研究，宋师应用通腑祛瘀法治疗肺性脑病，总有效率达到85.7%。此后，宋师在临床中不断应用此法，并取得了显著的治疗效果。

三、预后调护

宋师除了重视本病的治疗，对于平素的护理亦是非常重视。对于治疗后逐渐康复的患者，宋师常嘱咐患者要坚持长期家庭氧疗，使动脉血氧分压达到60mmHg以上，氧饱和度高于90%。长期低流量吸氧可改善神经和精神状态，减轻患者呼吸困难症状，并可改善睡眠状态，减少再入院的次数，提高生活质量，延长患者生存时间等。同时注重对肺性脑病患者家属有关医学知识的宣教。

除叮嘱患者长期坚持氧疗外，宋师还会建议患者注意饮食起居，适当锻炼，戒烟酒，不食辛辣、油炸火烤、烟熏及咸鲞之品，慎食生冷、肥甘滋腻之物，多吃新鲜蔬菜、水果、瘦肉、鲜鱼、鸡蛋羹等清淡、有营养、易消化的食物。

肺性脑病属内科的危重疾病，除了呼吸支持，抗感染，呼吸兴奋剂，纠正酸碱失衡、水电解质紊乱等常规的西医治疗外，还需依据病情辨证施治，宋师主张采用中医涤痰祛瘀、通腑开窍为综合治疗大法，对于提高肺性脑病治愈率和降低病死率有着重要意义，并在20世纪90年代时作为一种新的疗法倡导于临床，得到了国内同行的认可。

第五节　养生保健体质调

养生，也称"摄生""保生"，即通过各种调摄保养，增强体质，提高对外界的适应能力和对病邪的抵抗能力，以减少或预防疾病的发生，达到延长生命和生活质量的效果。《素问·上古天真论》曰："上古之人，其知道者，法于阴阳，和于术数，食饮有节，起居有常，不妄作劳，故能形与神俱，而尽终其天年，度百岁乃去"，即是对养生之法的精辟概括。宋师认为养生就是养护生命，从孕育开始，直到生命结束，整个生命过程都需要养护，所以养生既是一种文化，也是一种心态、一种生活方式。

1. 四季养生

《黄帝内经》曰："春三月，此谓发陈。天地俱生，万物以荣，夜卧早起，广步于庭，被发缓形，以使志生……此春气之应，养生之道也。"春季万物复苏，生机盎然，人应顺应时节，早起后多去户外活动，使情志调畅。宋师已过耳顺之年，仍精力充沛，中气十足，体态均匀。一个坚持了几十年的养生秘诀就是每天步行一万步，这样既锻炼双脚，又利于心肺循环，调节心情，改善睡眠等。四季养生，即"人与天地相应"，从衣食起居、情志活动等方面顺从自然变化规律。如夏季偏食生冷寒凉，易损伤脾胃阳气，形寒饮冷又易伤肺。秋主肃降，应顺应秋气，情志不外泄，使肺气清肃有序，则邪不犯肺。冬季封藏，应节制房劳，以养肾精，以延其年。《素问·移精变气论》曰："失四时之从，逆寒暑之宜，贼风数至，虚邪朝夕，内至五脏骨髓，外伤空窍肌肤，所以小病必甚，大病必死"，也同样强调了顺应四时的重要性。

2. 食疗养生

多种中药材具温补功效，药性平和，可入食疗药膳长期服用，起到强身健体，预防疾病的作用，如人参、黄芪、石斛、冬虫夏草、燕窝、百合、山药、枸杞等。《本草从新》中记载："冬虫夏草甘平保肺，益肾，补精髓，止血化痰，已劳咳，治膈症皆良。"冬虫夏草入肺肾二经，既能补肺阴，又能补肾阳，对肺虚或肺肾两虚症见喘咳短气者尤为适宜。石斛味甘，性微寒，滋阴清热，润肺益肾，单药煎服或泡服对肺肾阴虚患者都有良效。党参、黄芪入肺脾经，是补气佳品，平素易感冒、自汗气虚者都可入药膳服用。

3. 锻炼养生

传统保健术如太极、八段锦、导引吐纳、气功等均是为促进脏腑肌肉气血流畅，使"形动神静""精神内守"，从而延年益寿。宋师认为运动养生宜因人而异，适可而止。青年人生活节奏快，可以在闲余时间慢跑、登山，年长者也可步行、做操，不拘场地形式，只要动静结合，持之以恒。

4. 体质养生

体质是个人在形态结构、生理功能、心理特征各方面表现出的相对稳定的特性，受先天禀赋、性别与后天饮食、情志、劳逸、环境等的共同影响。早在《黄帝内经》中就有"阴阳二十五人"的说法。体质差异可表现在个体对某些疾病的易感性，也在很大程度上影响疾病的发生发展、治则用药和转归预后。如朱丹溪曾提出的著名观点"肥人湿多，瘦人火多"；如女性以肝为先天，以血为本，故血常不足，病多在血分，都可体现体质对遣方用药的影响。宋师在临床工作中同样强调体质辨识，根据患者气血阴阳、寒热虚实，参考国医大师王琦体质九分法，将人分为平和质、气虚质、阳虚质、阴虚质、痰湿质、湿热质、血瘀质、气郁质、特禀质，治法方药因人而异。

（1）平和质：正常的体质状态，表现为体态适中，面色红润，精力充沛，心理健康，舌色淡红，苔薄白，脉和有神，平素患病较少。调理原则：健脾补肾、益气养血、调养心脾。药物：人参、白术、茯苓、怀山药、黄精、熟地、山萸肉、米仁、丹参、虫草、阿胶、陈皮、柏子仁、制首乌、杞子、石斛、燕窝等。

（2）气虚质：神疲乏力，体倦少气，语声低怯，常自汗出，且动则尤甚，舌淡苔白，脉虚弱。若患病则诸症加重，或伴有气短懒言、咳喘无力；或食少腹胀、大便溏泄；或脱肛、子宫脱垂；或心悸怔忡、精神疲惫；或腰膝酸软、小便频多，男子滑精早泄、女子白带清稀。调理原则：益气养血，健脾补中。药物：生黄芪、生晒参、炒白术、茯苓、甘草、当归、炒白芍、白扁豆、炒薏苡仁、大枣、炒谷芽、炒麦芽、熟地、五味子等。

（3）阳虚质：平素畏寒喜暖，面色㿠白，四肢倦怠，口淡不渴，小便清长，大便时稀，常自汗出，舌淡胖，苔白滑，脉沉乏力。调理原则：助阳散寒，温补脾肾。药物：熟地黄、肉桂、制附子、山萸肉、怀山药、白茯苓、补骨脂、菟丝子、淫羊藿、巴戟天、当归、党参、炒白术、炒白芍等。

（4）阴虚质：常见形体消瘦，面色潮红，口燥咽干，手足心热，心烦，便干，尿黄，多喜冷饮，舌红少苔，脉细数。调理原则：滋阴清热，调补肝肾。药物：女贞子、旱莲子、枸杞子、杭白菊、杭白芍、生地、山药、山萸肉、丹皮、茯苓、泽泻、石斛、地骨皮、怀牛膝、制黄精、制首乌、麦冬、沙参、制玉竹等。

（5）痰湿质：形体肥胖、嗜食肥甘、身重如裹、口中黏腻或便溏，舌胖苔腻，脉滑。若病则胸脘痞闷，咳喘痰多；或恶心纳呆，头晕目眩，大便溏泄；或头身重困，肢体麻木，或见局部圆韧包块。调理原则：健脾化痰，理气除湿。药物：太子参、白术、陈皮、姜半夏、茯苓、泽泻、薏苡仁、苍术、川朴、炒扁豆、瓜蒌皮、桔梗、枳壳等。

（6）湿热质：形体偏胖或苍瘦。平素面色晦垢，易生痤疮，口苦口干，身重困倦，大便燥结，或黏滞，小便短赤，舌质偏红，苔黄腻，脉滑数。或见皮肤湿疹、瘙痒，男易阴囊潮湿，女易带下量多色黄。调理原则：泻肝平胃，清利湿热。药物：龙胆草、焦山栀、黄芩、黄柏、知母、天竺黄、生薏苡仁、紫草、茜草、地肤子、苦参、枳壳、陈皮、半夏、茯苓、泽泻、车前子等。

（7）血瘀质：面色晦滞，口唇色暗，眼眶暗黑，肌肤甲错，易出血，舌下脉络曲张，舌紫暗或有瘀点，脉细涩或结代。若病可有头、胸、胁、少腹或四肢等处刺痛，夜间加重，或吐血、便黑，或腹内有癥瘕积块，妇女痛经、经闭、崩漏等。调理原则：活血化瘀，行气理滞。药物：桃仁、红花、生地黄、丹参、川芎、当归、赤芍、白芍、枳壳、全瓜蒌、桔梗、地榆、续断等。

（8）气郁质：平素性情急躁易怒，或忧郁寡欢，思虑过多，胸胁闷胀，时欲太息，嗳气呃逆，舌淡红，苔薄白，脉弦。若病则胸胁脘腹胀痛攻窜，位置不定，随情绪变化而增减；或咽中梗阻，如有异物；或颈项瘿瘤；或腹痛肠鸣，大便泄利不爽。调理原则：疏肝理气，解郁安神。药物：柴胡、香附、乌药、川楝子、小茴香、佛手、青皮、郁金、枳壳、陈皮、白术、玫瑰花、合欢花、淮小麦、炒枣仁、柏子仁、百合等。

（9）特禀质：多因先天性和遗传因素造成一种体质缺陷，表现为先天性、遗传性疾病，过敏反应，原发性免疫缺陷等。过敏体质者易药物过敏，易患花粉症等；遗传性疾病如血友病，先天愚型等，胎传疾病如"五迟""五软"。治疗调养根据辨证而定。

第六节 膏方调补阴阳平

膏方，是以中医辨证论治为指导，通常由二三十味中药加胶脂熬制而成的制剂，有滋补养生、抗衰延年、御邪疗疾等多种作用，充分体现了祖国医学未病先防、既病防变的治未病思想。膏方历史悠久，在《黄帝内经》中就有关于膏剂的记载，如尔膏、马膏外用；东汉张仲景《金匮要略》记载的大乌头膏、猪膏发煎是内服膏剂的最早记载。发展至今，膏方已经是广大民众养生保健的首选，尤其是冬令膏方。《素问·四气调神大论》有言："此冬季之应藏，养藏之道也。"冬季万物收藏，人体阳气阴精藏而不泄，是进补的最佳季，感冒、咳嗽、哮证、喘证等往往随寒温失宜、劳倦体虚、情志刺激而反复发作，迁延难愈，病情逐渐加重，甚者传变至其他脏腑，给患者生活、工作造成严重影响。因此，缓解期的治疗尤其重要。冬令膏方与冬病夏治一样，是最能体现肺系疾病缓解期治疗特色的方法，通过扶正固本，增强体质，提高免疫和机体抗御外邪能力，从而减少急性发作，预防传变，达到缓解临床症状，提高患者生活质量的目的。

宋师擅长在体质辨识基础上进行肺系疾病的膏方调补（九种体质辨识及方药详见上文）。他认为肺系疾病多虚实交杂，膏方不是单纯补益之品，应明辨患者气血阴阳之偏盛，补其不足，损其有余，"固本清源"兼施，使之"阴平阳秘，精神乃治"。

肺系疾病膏方用药，重在肺脏的调理，兼顾脾肾等他脏。肺者主气，肺卫散于肌表，有防御外协，调控腠理作用。《医旨绪余·宗气营气卫气》云："卫气者，为言护卫周身，温分肉，肥腠理，不使外邪侵犯也。"肺卫气之充盛，肌肉皮毛得到温养，腠理开合有度，卫气虚弱，则温养无力，风寒湿邪易侵犯肌表，腠理疏松，则容易反复外感，见自汗畏风、面色苍白、舌质淡红、苔薄白、脉细缓。脾胃主运化，化生营气，营属阴，卫属阳，阴阳和调才能使脏腑维持正常生理功能，营卫不和则恶寒发热、无汗或汗多。肾为气之根，肾气由肾精所化，属先天之气，"五脏之阴气，非此不能滋""五脏之阳气，非此不能发"，肺气根于肾，肾虚摄纳无权，动则气短。所以宋师认为此证益气固表为主，兼补脾益肾，药用黄芪、防风、白术、党参、茯苓、白术、甘草、当归、熟地、山茱萸、山药等。"怪疾多属痰，痰火生异证"，肺为清虚之脏，不容污垢，宋师在肺病治理中始终不离对痰的治疗，无论"有形之痰"，见咳嗽咳痰，喉间痰鸣，还是"无形之痰"，见纳呆恶呕、胸闷脘痞，在固本的同时始终兼顾化痰以治其标。祛热痰可用川贝、瓜蒌、竹茹、桔梗、桑白皮；祛寒痰可用半夏、皂角刺、旋覆花、白前；祛老痰可用海蛤壳、煅瓦楞子、白附子、寒水石、橘核等，标本兼治，补益而不留邪，驱邪而不伤正。患者病程迁延日久，反复发作，除痰饮阻滞外，还可见瘀阻脉络。痰湿阻肺，郁而化热，灼烧津液，使血热互结，血脉瘀滞，痰瘀又进一步影响气血运行，加重病情加重，见面色晦暗，唇绀指青舌紫或边瘀，脉涩。治宜活血散结通络，可用莪术、赤芍、苏木、丹参等随症加减。肺病日久，肺虚不能主气，脾虚健运失职，气不化津，肺阴无以濡养，常见肺脾气阴两虚证，以沙参麦冬汤、六君子汤加减，用沙参、黄芪、石斛、天花粉、天冬、麦冬补肺之气阴，党参、防风、炒白术益气健脾，陈皮、半夏理气化痰。肺肾阳虚者，症见咳嗽气短，动则加甚，腰膝酸软，畏寒肢冷，或有下肢浮肿，小便清长或尿少，舌淡红或紫，苔薄白或略白腻，脉沉细，以肾阳不足为关键，药用菟丝子、仙灵脾、续断、杜仲补肾助阳，党参、山药、甘草补肺纳气，玉屏风散、六味地黄丸固表益肾，紫石英温肺平喘、温肾纳气，木香、麦芽、佛手等行气助运以免膏方滋腻。

案1

王某，男，46岁，初诊时间：2009年1月16日。

主诉：乏力、纳差一年余。

初诊：患者自诉平素工作劳累，一年来反复出现神疲乏力伴气短懒言，自汗纳呆，食后自感脘腹胀满，大便溏薄，易外感风寒，面色萎黄无华，舌淡苔薄，脉弱。

中医诊断：虚劳（脾肺气虚证）。

西医诊断：慢性疲劳综合征。

辨证：患者由于平素工作劳累，而致烦劳过度，损及脾肺，肺气不足，卫外不固，故易感外邪；思则伤脾，脾虚则水谷精微不能化生，气血生化乏源，形体失养。

治法：补肺健脾益气。

处方：生黄芪150g，当归100g，熟地100g，炒白芍100g，生晒参30g，炒白术100g，茯苓100g，西洋参30g，麦冬100g，五味子100g，怀山药100g，炒米仁300g，陈皮100g，炒谷芽100g，炒麦芽100g，防风100g，干姜10g，炙桂枝100g，炙甘草60g，大枣100g。鹿角胶100g，阿胶250g，龟板胶150g，黄酒250g，冰糖500g，虫草（研粉）10g，收膏时入。每日早、晚各服2匙，温开水冲服。

避风寒、慎起居、适劳逸；忌食生冷、厚腻、辛辣之品。

按：虚劳以脏腑亏损，气血阴阳不足为主要病机，是多种原因所致的多种慢性衰弱证候的总称。《医家四要·病机约论》指出"意外过思则劳脾，预事而忧则劳肺"，本案患者由于平素工作劳累，忧思烦劳过度，伤及脾肺，致脾肺气虚，肺气不足，腠理不固，脾虚则气血生化之源，形体失养。因病程较长，时值冬令，故采用膏方调理，治以益气健脾补肺之法，选用补肺汤合加味四君子汤加减。冬令膏方药力缓和、稳定持久，注重全面、整体的调理，且在调理气虚质方面有其独到的功效和优点，收效良好。

案2

张某，女，33岁，初诊时间：2018年12月28日。

主诉：反复咳嗽2年，再发3周。

初诊：患者平素易外感，2年来反复咳嗽，干咳为主。3周前患者外感后再次出现干咳无痰，昼夜皆咳，伴有咽干，口干多饮，大便干结，无鼻塞流涕，胃纳一般，夜寐欠安，舌红苔薄，脉细。支气管激发试验阴性。

中医诊断：咳嗽（肺阴亏虚证）。

西医诊断：慢性咳嗽。

辨证：患者咳嗽日久，易耗伤肺阴，肺阴不足，肺失濡养，则宣降失常，虚热内生而致干咳无痰，咽干多饮，夜寐欠安。

治法：养阴润肺，兼清余热。

处方：前胡100g，紫苏子120g，苦杏仁100g，枇杷叶100g，蝉衣60g，桔梗60g，浙贝母150g，鱼腥草150g，肺形草150g，炙百部100g，炙冬花

100g，地肤子100g，火麻仁150g，郁李仁150g，黄芪150g，太子参150g，生白芍200g，炒白芍120g，炙桂枝30g，防风100g，当归100g，蛤蚧3对，柏子仁150g，炒枣仁150g，百合150g，灵芝150g，莲子150g，琥珀60g，煅龙骨300g，煅牡蛎300g，石斛100g，熟地150g，怀山药120g，山萸肉120g，茯苓120g，炙麻黄60g，射干60g，佛手100g，豆蔻60g。黄酒250g，龟板胶135g，鳖甲胶125g，冰糖200g，黄明胶150g，收膏时入。每日早、晚各服2匙，温开水冲服。

避风寒、慎起居、适劳逸；忌食生冷、厚腻、辛辣之品。

按：内外病邪影响及肺而致咳，外感六淫之邪或内伤久病伤肺，肺脏自病，故外感、内伤均可致咳嗽。本案患者久咳伤肺，损及肺阴，阴津亏损，肺脏失润，气机升降失司，虚热内生。因病程较长，时值冬令，故采用膏方调理，治以养阴润肺，兼清余热。冬令膏方药力和缓、稳定持久，能够全面、整体调理，收效良好。

第
五
章

学 术 成 就

第一节　继古创新著论作

　　宋师注重继承、精研经典、努力挖掘、勇于创新。他深知没有总结，就不会有提高和进步。医学，更是如此。清代吴鞠通云："医者，顺天之时，测气之偏，适人之情，体物之礼。名也，物也，象也，数也，无所不通，而受之以谦，而后可以言医。"一名优秀的中医学者，既需学识渊博，触类旁通，又要继承发展，求实创新。

　　宋师潜心钻研中医理论，一直致力于肺系疾病和中医各科杂病的临床研究工作和实践。自20世纪80年代开始，宋师在各级杂志上发表了大量文章。工作伊始宋师即意识到挖掘经典的重要性。面对临床中诸多疑难杂病，他细心留意，发现临床中血证甚多，虽然西医有规范的诊疗方案，但宋师思考，中医中诸多医家对血证均有论述，何不探索一番。因为对叶天士之作颇感兴趣，且其对血证之治也有独到之处，于是1985年，宋师发表了《〈未刻本叶氏医案〉治血法初探》，通过对清代名医叶天士平时临诊所录、所载案例的归纳总结，从其治血案方着手加以总结阐述，探讨叶氏治疗血证的规律特点。1987年，宋师又在中医经典基础上，加入自己临床感悟，在黑龙江中医杂志发表了《"实则阳明，虚则太阴"刍论》。即使工作繁忙，宋师对经典的研读从未间断，1995年又发表了《〈未刻本叶氏医案〉暑病诊治》。

　　除了从临床中学习，宋师也在教学中探索前进。20世纪80年代，毕业不久的宋师就站上了浙江中医学院的讲台。面对当时师资力量不足、教材不完备、实验设施硬件欠佳等诸多困难，宋师迎难而上，他明白编写好教材是提高教学质量的基础。于是，在近40年的教学工作中，他始终以编写、修改教材为己任，每讲一轮课，他都会对自己的讲稿进行修改、不断补充完善。宋师为了能够将更好地教材编写出版，通常会工作到深夜，不知疲倦。为了帮助学生们更好地学习应用肺功能检查，宋师不辞辛苦，翻阅相关资料，结合自己临床经验，于2001年主编出版了《肺功能检查》视听教材，对教学质量的提高和临床医生的培养起到了积极作用。在学校的大力支持和其他同事的通力合作下，2006年由陈培丰教授主编，宋师参与主编的《中西医结合临床内科学》正式出版，该教材以临床实践为切入点，内容丰富，贴合临床，成为中医院校学生学习内科知识的重要参考书。

宋师对中医药理论亦有深入的研究，能够掌握学科发展的前沿动态，熟练运用中医及中西医结合方法开展临床和科研工作。自20世纪80年代开始，宋师共发表论文50余篇，主持与参加省部级、厅局级科研课题20项，新技术2项，其中获奖10项。至今，宋师作为项目负责人或主要参与者已完成的课题有：卫生部课题《肺功能检查》视听教材制作，《椒枝软胶囊治疗支气管哮喘临床前研究》，浙江省中医药管理局课题《椒枝软胶囊平喘作用的研究》《平喘颗粒剂在哮喘阶梯治疗中增效作用的研究》《哮喘阶梯式治疗中医清肺补肾法增效作用的研究》《虎杖煎剂防治肺纤维化作用机制的研究》《防感冲剂防治流行性感冒的实验研究》等，"十一五"国家科技支撑项目《中医药在支气管哮喘阶梯式治疗中优化方案的研究》；其中《平喘颗粒剂在哮喘阶梯治疗中增效作用的研究》于2000年5月获浙江省中医药科技进步奖三等奖；《肺功能检查》视听教材制作获浙江中医学院2001年优秀电教教材二等奖；《椒枝软胶囊平喘作用的研究》，于2004年5月荣获浙江省政府科学技术进步奖三等奖和浙江省中医药科技进步奖三等奖。《防感冲剂防治流行性感冒的实验研究》于2005年5月荣获浙江省政府科学技术进步奖三等奖和浙江省中医药科技进步奖二等奖。《虎杖对博莱霉素致肺纤维化大鼠干预作用的研究》，2007年获浙江省中医药科技进步奖二等奖，2008年获浙江省科技进步奖三等奖、中华中医药学会科学技术奖。《虎杖调节肺泡炎细胞因子STAT信号传导途径的研究》于2010年获浙江省中医药科技进步奖二等奖。

除此之外，宋师在课题项目基础上，宋师根据自己对虎杖的研究，于2006～2016年间先后发表了相关论文数十篇：包括《虎杖对肺纤维化大鼠血清INF-γ、IL-4干预作用的实验研究》《虎杖对肺纤维化大鼠Th1/Th2细胞因子干预作用的实验研究》《虎杖对肺纤维化大鼠肺组织中TGF-β1表达的影响》《虎杖对肺纤维化大鼠信号转导与转录活化子1表达的影响》等。此外，宋师也花费10余年的时间对防感颗粒、防感煎剂及防感冲剂进行探索研究，先后在各类杂志上发表了数十篇相关论文，例如《防感冲剂抑制甲型流感病毒及相关药效的实验研究》《防感颗粒抑制甲型流感病毒作用的实验研究》《防感冲剂抑菌、抗炎作用的实验研究》《防感煎剂对甲1型流感病毒感染小鼠Th细胞特异性趋化因子受体的影响》等，在理论研究的同时，也为临床做出了重要的贡献；宋师对于椒枝软胶囊的研究也倾入了多年的心血，2003~2012年间作为第一、二作者先后发表了《椒枝软胶囊的药效实验研究》《椒枝软胶囊大鼠长期毒性实验研究》《椒枝软胶囊对哮喘大鼠气道黏蛋白影响的实验研究》等论著。

作为临床名医，宋师尤其在内科疑难杂病及慢性咳嗽、支气管哮喘、慢性阻塞性肺疾病、肺肿瘤、肺间质疾病、流感、支气管扩张、肺衰竭及体质辨识、养生保健等方面有独到见解。宋师不仅在中医药防治流感病毒方面贡献突出，而且对中医药防治肺纤维化、"冬病夏治""冬令膏方"疗法、哮喘"阶梯疗法"、肺源性心脏病"活血化瘀"疗法等方面有深入研究。2007~2014年，宋师着重探索了补肺汤治疗肺纤维化的相关研究，先后发表论文7篇，如《补肺汤对肺纤维化大鼠血清INF-γ、IL-4表达水平影响的实验研究》等。对肺系疾病中常见病——哮喘病，结合自己的临床经验，更是深入研究多年，先后发表有关哮喘病论治论著多篇，如《平喘颗粒剂治疗支气管哮喘的临床及实验研究》《支气管哮喘与肾虚本质相关性的理论探讨》等；在慢性阻塞性肺疾病的研究方面，宋师也未曾落下，作为第一、二作者发表了《葛根素注射液治疗COPD的血液流变学观察》《VEGF与COPD气道重塑的相关研究进展》《阻塞性肺气肿机理与中医治疗进展》《阻塞性睡眠呼吸暂停低通气综合征中医辨证分型的临床研究》等相关论文。同时，对于临床中常见的合并病，宋师也有一定的研究，根据宋师经验，其弟子先后发表了《宋师中西医结合诊治支气管扩张合并哮喘》《肺功能在诊断支气管哮喘合并慢性阻塞性肺疾病中的应用》《肺功能在诊断哮喘-COPD重叠综合征中的应用》等论文；对于肺源性心脏病，宋师积累了多年的临床经验，亦有独特见解，曾发表相关论文《肺心固本冲剂治疗缓解期慢性肺源性心脏病的临床和实验研究》《益气活血中药对肺源性心脏病防治作用的实验研究》《丹参与蝮蛇抗栓酶治疗肺心病急性发作期患者疗效观察》。此外对于其他肺系疾病的研究，宋师亦加以总结，为其他医家提供了重要的参考，如《涤痰通腑祛瘀法治疗肺性脑病35例观察》《中西医结合治疗支气管扩张咯血46例》。

多年来，宋师一直为更好地传承、发展中医，正确理解中西医结合，最大限度发挥中医药作用不懈努力着，在继承基础上不断发展创新。

第二节　清肺解毒抗瘟疫

2003年，一场突如其来又让人胆战心惊的"非典"（重症急性呼吸综合征，SARS）席卷全国。即使过去十几年，人们依然谈之色变。"非典"暴发后，医护人员除了冲锋在抗击"非典"最前线，还要日夜兼程做科学研究，以求研究出更好的治疗办法。这次"非典"疫情引起了宋师的深思。冰冻三尺，非一日之寒，如果早些对"非典"病毒有所认识和研究，防患未然，是不是就可以避免这次疫情的暴发，或者对这次疫情有更多的防治措施。这次的"非典"由冠状病毒引起，足以见得病毒的危害不容小觑。那么如何才能预防类似的疾病暴发呢？病毒的研究必不可少。

与"非典"类似，另一种由病毒感染引起、严重威胁人类健康的疾病——流行性感冒（简称流感），也不容小觑。流感是由流感病毒引起的急性呼吸道传染病，我国一直是流感的高发区，流感的流行或局部暴发几乎每年都有发生，卫生部曾将流感定为"十一五"期间重点监控的传染病之一。流感病毒属于正黏病毒科，根据流感病毒内部蛋白质抗原性的不同可分为甲、乙、丙三型，其中甲、乙两型病毒是引起人类流感流行最重要的亚型，甲型流感病毒的抗原变异性最大，尤其是表面抗原HA和NA能够连续不断地发生漂移与转换，进而引起流感周期性流行。21世纪的4次大流行均是由甲型流感病毒引起，所以"甲型流感病毒"被宋师考虑为当时研究的重点。

中医虽没有"流感"病名，但散见在风温、感冒等病证中，作为一种传染病，也就是古代所称的"疫病"。中医药对防治传染病曾多次做出过重大贡献。中医既可治病，又可防病。祖国医学对流感的治疗有着悠久的历史，不少方药临床运用确实行之有效，而且毒副作用小，加之中药材药源丰富，价格低廉，故中医药治疗流感的优势正日益受到国内外学者的关注。从长期临床经验看，中药治疗流感临床效果显著，关键在复方。中药复方制剂是根据中医理论结合临床经验组合而成，体现中医辨证施治的原则，临床疗效肯定，值得深入研究。但中药复方之多，该从何入手呢？

多年来对"温病"颇有研究的宋师，对《温热论》《临证指南医案》《未刻本叶氏医案》等书籍有较深的研究和体会。在研究病毒的想法确定以后，宋师不断阅读古籍及众多名医大师的经验心得，希望能从中得到启发。流感作为中医的"疫病"范畴，由于疫毒病邪侵犯人体常兼风、寒、湿等六淫之邪，故该病多发于气候突变、寒暖交替之时。疫毒伤人，常从口鼻、皮毛而入，肺卫首当其冲，因而起病即见肺卫症状。宋师结合自己多年的临床经验，总结后发现了防感汤这一有效验方，用于流感的治疗取得了良好的临床效果。防感汤由荆芥10g，防风10g，前胡10g，白芷10g，黄芩10g，大青叶10g，板蓝根10g，贯众10g，陈皮10g，杏仁10g，甘草3g组成。方中荆芥、防风均可祛风解表；白芷芳香浓烈，味辛力厚，芳香上达，祛风散寒，通肌肤，透毛窍，为解表通腠之良药，上述三药相伍为用，解表散邪之力尤著。前胡苦辛微寒，散风清热；板蓝根、大青叶、贯众苦寒，清热凉血解毒；黄芩苦寒，善清肺火及上焦之邪热；杏仁苦微温，开肺降气；陈皮味辛苦性温，理气行滞，以上七药联合应用，清热解毒，宣肺散邪，宣肺既能恢复肺的宣肃功能，又能协助解表；清热解毒，是顿挫热毒之邪、防止传变的关键。甘草清热解毒，调和诸药。诸药合用，宣散外邪，清热解毒，可使邪去正安，诸症尽除。现代药理研究也表明，大多清热解毒类中药，如金银花、黄芩、板蓝根、大青叶、鱼腥草、甘草等具有直接抑制流感病毒的作用。荆芥、防风等药物亦有一定的抗病毒活性和抗病原微生物的作用，能够保护细胞不受病毒侵袭。

与此同时，宋师翻阅了大量的现代文献，显示防感汤有很好的抑菌、清热、抗炎等作用，那么对于甲型流感病毒会不会有抑制作用呢?经过多方搜集资料和查阅文献，宋师决定将防感汤制作成防感颗粒进行研究。于是宋师白天在医院尽心尽力工作，为患者解除痛楚，下班后熬夜书写实验思路、目的、研究方法等，待完成实验方案后，等待时机申请课题研究。终于功夫不负有心人，申请到了省级课题，研究也可以着手开展了。当时的夏永良作为宋师的研究生，主要参与了这项研究。如今谈及该实验，回忆起该场景，夏永良仍是有颇多感慨："实验条件之艰苦，我亲身经历，不过这些都是外在因素，稍微克服一下也就不是问题。但毕竟病毒研究，我们以前没有做过，第一次做的话，总会遇到很多问题。除了查阅文献，最重要的是向有实验经验的老师或者其他同学请教，记得那时候实验中遇到操作问题，在宋师的建议下，我会请教柴秀娟老师，她会像大姐姐一样耐心指导我，有时候遇到她也不会的，我们便一起请教其他老师，大家互帮互助。在理论上也会遇到问题，这时候骆仙芳老师会给予很多有指导性的意见。整个实验期间，不仅仅是在做实验，更是不断向别人请教学习的过程。而且在当时，流感病毒的研究本身也存在自身感染风险，每天在那个'仓库式'实验室中做研究，内心也是惶恐不安的，不过所承担的风险跟这项研究的意义相比，都是不值一提的。我们认为一切都是值得的。"

幸运的是，实验结果总算令人满意。在这次研究中，宋师团队发现防感颗粒能有效抑制小鼠甲型流感病毒滴度，显著提高甲型流感病毒感染小鼠的生存率，延长生存时间，降低肺指数；并且防感颗粒对于小鼠肺组织炎性细胞浸润、支气管黏膜损伤及间质充血都有抑制及保护作用。后来一系列的动物实验研究显示，防感颗粒对流感病毒感染有显著的预防与直接抑制作用，能促进甲型H1N1流感病毒感染小鼠Th细胞活化并向炎症部位趋化，引起Th1型抗病毒免疫炎症反应，可抑制病毒复制，增强一氧化氮（NO）、一氧化氮合酶（iNOS）及溶菌酶的表达，减轻病毒感染小鼠体重下降程度，有利体重恢复，并且减轻肺部炎症病变，抑制肺炎损害，减轻病毒对机体免疫器官的损害，明显提高流感病毒感染小鼠的生存率，延长生存时间。与此同时，该研究也获得了2005年浙江省政府科学技术进步奖三等奖和浙江省中医药科学技术创新奖二等奖。防治甲流的中药组合物及其应用也获得了发明专利。这次的研究坚定了宋师继续研究防感汤的决心，相关作用机制及治疗效果的系列研究陆续开展。

2009年，甲型H1N1流感再次大规模暴发，浙江省中医院门、急诊的流感患者剧增，此次流感的暴发引起了广大民众的恐慌。另外，由于媒体报道了防感汤的宣传，使得民众对这次流感的预防和治疗有了极大的信心，大量民众不断去医院询问此药，为此浙江省中医院中药房特地组织专人配药，发放给广大民众，同时在浙江省卫生厅的组织下运往全省各地。在当时，防感汤对浙江省流感防治发挥了重要作用。省内各大专院校医务卫生所也纷纷向浙江省中医院求援。为此，院方将防感颗粒提供给浙江省内3所高校11 714名在校学生口服1周，每日2次煎服。与另3所高校未给药的19 065名在校学生对照，发现中药治疗组用药后流感发病率较对照组减少。在一项随机对照临床研究中，发现与单纯西药组相比，两者虽然总有效率相当，但中药组具有退热快、咳嗽病程短、头痛鼻塞肌肉酸痛等流感样症状缓解迅速等特点。至此，防感冲剂作为甲型H1N1流感轻症患者的治疗方案之一在浙江省内广泛应用。此外，也有一些临床研究显示，与泰诺、日夜百服宁等常规抗感冒药物相比，应用防感颗粒治疗急性上呼吸道感染的总有效率明显高于对照组，并且临床症状缓解和肺部阳性体征恢复时间均明显缩短，提示防感冲剂在急性上呼吸道感染的防治方面具有较好的功效。

第三节　椒枝软胶囊研究

全世界约有3亿哮喘患者，中国约有3000万哮喘患者，并且患病人数逐年上升，每年因哮喘致残、致死及由此带来的医疗费用给国家带来了沉重的社会经济负担。作为临床常见病，现代医学以糖皮质激素、$β_2$受体激动剂、茶碱、抗胆碱能药物、白三烯调节剂、抗组胺药等控制和缓解哮喘，但长期使用这些药物会产生些副作用。中药亦能够缓解、减少哮喘的发作，而且副作用少，但目前多以复方、汤剂为主，而中成药制剂往往奏效较慢，因此宋师希望能够研制出速效安全、服用方便的平喘制剂。根据多年的临床经验，宋师发现椒目与七叶一枝花（即重楼）是治疗哮喘的常用药物组合，其中椒目能降气平喘，利水消肿；重楼可清热解毒、消肿止痛、凉肝定惊，且现代药理证实其能平喘止咳。那么将此两种中药提纯制成椒枝软胶囊会不会对缓解和控制哮喘发挥作用呢？其药效及作用机制又如何呢？宋师经过一系列的申请之后，开始着手实验，希望这次的实验也能为开发哮喘新药提供支持。

（1）制剂研究：宋师得到浙江省中医院制剂室鼎力支持后，大家共同努力根据重楼理化性质，以优选的大孔吸附树脂进行提取分离，比较了影响提取得率的药材粒度、乙醇浓度、提取时间、提取次数等因素，进行了L9（34）正交试验，得到淡棕黄色重楼皂苷粉，以总得率不得低于1.2%为考察指标，确定了最佳提取工艺。同时根据椒目的理化性质，比较了影响椒目油得率的药材粒度、萃取压力、温度、时间等因素，进行了L9（34）正交试验，得到淡棕黄色油脂状液体，以总得率不得低于16%为考察指标，确定了最佳萃取工艺。最后制作的椒枝软胶囊以超临界流体CO_2萃取椒目芳香油，以大孔吸附树脂提取分离纯化重楼主要有效部位总皂苷，运用先进成型工艺而制成，以期达到吸收快而完全、尽早控制哮喘发作的目的。其组成：椒目油、七叶一枝花（即重楼）皂苷粉。每毫升内容物含椒目油180mg（相当于生药1g）、皂苷粉22.5mg（相当于生药1.7g）。

（2）主要药效学研究

1）平喘试验：采用组胺诱发豚鼠哮喘发作，以引喘潜伏期为指标，观察椒枝软胶囊内容物对组胺诱发豚鼠哮喘发作的影响。结果显示，椒枝软胶囊内容物1ml/kg、2.5ml/kg、5ml/kg连续灌胃给药3天均能明显延长因组胺雾化吸入所致的豚鼠哮喘发作的潜伏时间（$P<0.05$或$P<0.01$）。说明椒枝软胶囊内容物对因组胺雾化吸入所致的豚鼠哮喘发作有明显的拮抗作用。豚鼠离体气管条实验结果表明，椒枝软胶囊内容物高、中、低剂量组连续灌胃给药3天后的含药血清对离体豚鼠气管收缩均没有明显的影响，与空白对照组比较，差异均没有显著性意义（$P>0.05$），但椒枝软胶囊内容物高剂量组连续灌胃给药3天后的含药血清能明显降低组胺引起的离体豚鼠气管收缩，与空白对照组比较，差异有非常显著性意义（$P<0.01$）。说明椒枝软胶囊内容物对组胺引起的气管收缩有明显的拮抗作用。

2）镇咳试验：采用氨水雾化刺激致小鼠咳嗽，以引咳潜伏期、咳嗽次数和咳嗽抑制率为指标，观察椒枝软胶囊内容物对氨水刺激致小鼠咳嗽的影响。结果显示，椒枝软胶囊内容物5ml/kg、10ml/kg、15ml/kg连续灌胃给药3天均能明显延长氨水刺激所致小鼠咳嗽的潜伏期（$P<0.05$或$P<0.01$），减少小鼠咳嗽次数（$P<0.05$或$P<0.01$）。说明椒枝软胶囊内容物对氨水雾化刺激致小鼠咳嗽有明显的拮抗作用。

3）抗炎实验：通过腹腔注射醋酸诱导小鼠腹腔毛细血管通透性增加，观察椒枝软胶囊内容物对炎性渗出的影响。结果显示，椒枝软胶囊内容物5ml/kg、10ml/kg、15ml/kg连续灌胃给药3天均能明显抑制醋酸所致小鼠腹腔毛细血管通透性增加（$P<0.05$或$P<0.01$）。说明椒枝软胶囊内容物对炎性渗出有良好的拮抗作用。通过皮下注射蛋清诱导大鼠足肿胀，观察椒枝软胶囊内容物对炎性渗出的影响。结果显示，椒枝软胶囊内容物1ml/kg、2.5ml/kg、5ml/kg连续灌胃给药3天能明显抑制蛋清所致大鼠足肿胀（$P<0.01$）。说明椒枝软胶囊内容物对蛋清所致大鼠急性足肿胀有明显的拮抗作用。

（3）毒理学研究：通过急性毒性实验与长期毒性实验，评价椒枝软胶囊的安全性。

1）椒枝软胶囊内容物小鼠口服急性毒性实验（最大给药量实验）：椒枝软胶囊内容物昆明种小鼠日灌胃最大给药量（最大给药体积50ml/kg，临床用药浓度1次/天），按公斤体重计算，为临床人用量的2000倍，结果未见明显毒性反应，观察14天，动物均存活，体重均增加。

2）椒枝软胶囊内容物大鼠口服多次给药毒性实验：椒枝软胶囊内容物在本实验条件下灌胃给药30天后，剂量为4ml/kg、2ml/kg时，对大鼠的肝肾功能及血液系统有一定程度的损伤，但均未造成器官的器质性病变。停药后，肾功能及血液系统损伤情况基本恢复，肝功能损伤有所恢复。剂量为1ml/kg时，各方面均未见明显异常。说明椒枝软胶囊内容物剂量为1ml/kg时，可安全用于临床。

此次研究发现，椒枝软胶囊具有明显的平喘，镇咳，抗炎作用。它可通过降低IL-13、TNF-α水平以下调Muc5ac mRNA表达，并抑制杯状细胞的增生或化生，减少杯状细胞分泌黏蛋白等途径缓解哮喘症状，且毒副反应小，安全范围大。这项研究也为中医药治疗哮喘提供了新的思路。

第四节 清肺平喘补肾方

宋师曾主持"十一五"国家科技支撑项目《中医药在支气管哮喘阶梯式治疗中优化方案的研究》。当时中医药将哮喘分期为急性发作期和缓解期，其中急性发作期的虚哮证型包含了部分不完全缓解的慢性持续期的症状表现，但比较粗放，对临床的指导意义不够细致。宋师在职的浙江省中医院呼吸科自20世纪70年代以来就十分重视哮喘的防治工作，尤其在哮喘慢性持续期治疗方面积累了丰富的经验。根据长期临床经验与文献研究认为，慢性哮喘持续期在临床主要表现为不同程度的咳嗽、咳痰、胸闷、气急、腰膝酸软等症，其宿根在于伏痰，痰邪贯穿于哮喘的全过程，同时久病痰邪内蕴多易化热、久病及肾，因此慢性哮喘持续期主要病机为肺热、痰伏、肾虚，从而确立了清肺、平喘、补肾的治疗法则，并应用于临床，多年来取得了较好的疗效。肺热痰伏肾虚证型在既往的文献中都未明确提出。其临床主要表现为不同程度的喘息、咳嗽、胸闷气促、喉间哮鸣、咳痰黄或质黏，腰酸乏力、头晕耳鸣、夜尿增多等，舌质红，苔薄黄或黄腻，脉细或滑。主症：喘息、咳嗽、胸闷、喉间哮鸣、咳痰黄或质黏；次症：腰酸乏力、头晕耳鸣、夜尿增多；舌象：舌质红，苔薄黄或黄腻；脉象：脉细或滑。辨证符合主症前4项任何1项或以上、符合次症1项或以上，结合舌、脉象即可。此课题按照清肺平喘补肾法制定了中药协定处方——清肺平喘补肾颗粒，方药组成：黄芩10g，桑白皮10g，苏子10g，前胡10g，杏仁10g，补骨脂10g，菟丝子10g，广地龙10g，紫草10g，白芷10g，鱼腥草20g，仙灵脾10g，陈皮6g，甘草3g。每天1包，热水冲服，分2次服用。疗程为3个月。清肺平喘补肾颗粒处方中黄芩、桑白皮清泻上焦之肺热；苏子、前胡、杏仁降气化痰，止咳平喘；补骨脂、菟丝子、仙灵脾温肾纳气；哮病之痰随气而升降，气壅则痰聚，气顺则痰消，故佐以陈皮理气化痰，使气道畅通，痰浊容易排出；广地龙、紫草祛风解痉，使风邪外达，肺气得以宣发，清肃之令得行，气道通利；肺开窍于鼻，鼻窍不利，常引起肺之宣发肃降失常，以白芷芳香开窍，宣通鼻窍，鼻窍得宣，则肺之宣降相宜；清热解毒药多味苦性寒，易耗气败胃，故予鱼腥草甘寒清热之品，以防苦寒败胃，并加强清热化痰功效；甘草调和之。综观全方，诸药合用，扶正而不忘祛除内伏之顽邪，祛邪而无伤正之弊端，补散同施，标本兼顾，共奏补肾扶正，清热化痰平喘之功效。

此课题为评价中医清肺平喘补肾法在哮喘慢性持续期阶梯式治疗中的疗效及其优势，尤其是对治疗方案在哮喘控制水平、疗程、症状缓解及稳定性方面进行评估，从而形成哮喘慢性持续期的中医优化证治方案，为哮喘进一步稳定降级治疗提供了保证。研究采用中心分层区组随机化、平行对照、多中心临床试验设计，由3家医院（均为三级甲等医院）共同完成，浙江中医药大学附属第一医院作为牵头单位，长春中医药大学附属医院、浙江大学医学院附属第二医院为合作单位。研究的目标人群为288例哮喘慢性持续期第2、3级，并且符合中医辨证为肺热痰伏肾虚证的患者。其中慢性持续期第2级患者144例，第3级患者144例，试验组：对照组=1：1。对照组均按照哮喘防治指南接受常规的阶梯式治疗，即2级患者吸入沙美特罗替卡松粉剂50μg/100μg，3级患者吸入沙美特罗替卡松粉剂50μg/250μg，试验组则在此基础上加用清肺平喘补肾颗粒（协定处方）治疗，疗程为3个月。课题的考核指标分为主要效应、次要效应和安全性指标。主要效应指标包括：①喘息；②咳嗽；③胸闷；④夜间症状发生率；⑤哮喘急性发作的次数；⑥按需使用短效β₂激动剂的次数。次要效应指标包括：①哮鸣音；②咳痰；③生活质量（参照《成人哮喘生存质量评分表》）；④治疗前后肺功能的变化，包括用力肺活量（FVC）、第1秒用力呼气容积（$FEV_1\%$）、$FEV_1/FVC\%$等；⑤血清IgE测定。安全性指标包括：①体温、静息心率、呼吸、休息10分钟后的血压（收缩压、舒张压），治疗前后及治疗期间每月至少一次；②心电图则是治疗前后各一次。入组患者每2周随访一次，研究者记录各项评价指标、各个量表、不良事件、药品不良反应、合并用药情况等。

结果提示：①哮喘完全控制率明显提高，降阶梯治疗成功率增加。哮喘2级患者在治疗第10周时，完全控制率高于对照组，哮喘3级患者则在治疗第4、10、12周时完全控制率都高于对照组。经过12周的规范治疗，哮喘2级患者的完全控制率及可降至1级治疗率：试验组达到78.57%，对照组为70.42%；哮喘3级患者的完全控制率及可降至2级治疗率：试验组为80.60%，对照组为52.24%。提示清肺平喘补肾颗粒治疗后可以提高哮喘的完全控制率，使患者可以顺利进行降阶梯治疗。②哮喘达到完全控制的时间缩短，减少了需用短效β₂受体激动剂的患者人数。哮喘2级患者在治疗第10周时，完全控制率高于对照组，哮喘3级患者则在治疗第4、10、12周时完全控制率都高于对照组。说明经过清肺平喘补肾颗粒的治疗可以缩短哮喘达到完全控制的时间，使哮喘得到更早的控制。2级哮喘患者在治疗第10周时，吸入短效β₂受体激动剂缓解症状的人数与对照组比较明显减少。3级哮喘患者在治疗第2、4、10、12周时，吸入短效β₂受体激动剂缓解症状的人数与对照组比较明显减少。说明清肺平喘补肾颗粒治疗后可以减少患者使用短效β₂受体激动剂。③哮喘症状发作次数减少。从患者因哮喘症状而就诊的次数、夜间症状发作情况等指标来看，哮喘患者试验组的发生率均低于对照组，说明中药治疗后患者更少因哮喘发作而就诊，更少出现夜间症状，症状得到改善。④中医症状体征好转。试验组和对照组从第2周起中医症状体征积分都逐步下降，提示症状体征好转。到第10周，试验组的中医症状体征总积分降低比对照组更显著，提示中药治疗组在中医症状体征控制方面效果更加明显。中医症状体征综合疗效评价提示，试验组的疗效优于对照组。⑤哮喘生存质量评分提高。哮喘2级患者，试验组、对照组与基线相比均有显著提高，但组间未见显著性差异。哮喘3级患者，试验组在第12周时与对照组比较生存质量明显提高，差异有统计学意义。说明清肺平喘补肾颗粒能够提高哮喘3级患者的生存质量。⑥肺功能FEV_1%改善。哮喘2级患者治疗前试验组肺功能FEV_1%为88.98%，对照组为86.28%，组间比较差异无统计学意义。治疗后试验组肺功能FEV_1%为94.13%，对照组为92.64%，虽然试验组和对照组治疗前后比较均有明显改善，但组间比较差异无统计学意义。哮喘3级患者治疗前试验组肺功能FEV_1%为8.99%，对照组为69.01%，治疗后试验组肺功能FEV_1%为81%，对照组为78.6%，虽然两组比较无差异，但试验组的FEV_1%水平已从3级降到了2级，而对照组则仍停留在3级的水平。⑦血清IgE值无明显变化。治疗前后哮喘2级、3级患者的血清IgE值变化不明显。⑧药物安全性良好。治疗后生命体征稳定，体温、心率、血压及心电图未发现异常改变。说明药物使用3个月后未见明显副作用，证实了药物的安全性。

综上所述，在哮喘慢性持续期阶梯式治疗的同时，应用清肺平喘补肾法治疗，能够明显提高哮喘的完全控制率，增加降阶梯治疗成功率，为进一步稳定降级治疗提供了保证；使哮喘达到完全控制的时间缩短，减少了患者使用短效β_2受体激动剂缓解症状；更少因哮喘发作而就诊，更少出现夜间症状；更大程度地改善了中医症状体征；提高了患者的生存质量；治疗后肺功能FEV_1%有明显改善；整个试验过程未发现药物的不良反应。通过此课题的研究，形成了哮喘慢性持续期清肺平喘补肾法的优化方案；补充了哮喘慢性持续期的证型理论，即肺热痰伏肾虚证型；研制了治疗哮喘慢性持续期的协定处方——清肺平喘补肾颗粒。

目前中医对哮喘治疗偏重于急性发作期和缓解期，而缺少针对不完全缓解的慢性持续期的整体治疗和管理方案，尤其是缺少多中心、大样本的随机对照研究。因此，在慢性持续期建立规范化的、优化的全程治疗和管理方案显得非常重要。

本课题取得的成果可应用于各医疗单位对慢性持续期哮喘患者的治疗和管理，提高哮喘中医药治疗的疗效，使哮喘慢性持续期患者的完全控制率上升，降阶梯治疗顺利进行，患者可以更快地缓解症状，更少使用急救药，更少的急性发作次数，肺功能得以进一步改善，提高生活质量，从事更多的经济活动，最终提高经济及社会效益。补充哮喘慢性持续期的证型后，使哮病单病种的治疗方案更加全面，更加规范，更利于进一步推广使用，提高了中医药治疗哮喘的地位。

第六章

桃 李 天 下

第一节　恭身行道正医风

宋师求学刻苦，医德高尚，品格端方。除了从小的家庭教育外，还有从医学习时师长、前辈们的谆谆教诲和宋师对自我的严格要求，在这些因素的共同影响之下，形成了现在宋师的为人行事立世之本，后来对其弟子也深有影响，学会做人、做事、做一名医德高尚的医生，终生获益。

其弟子杨珺超说对于学术作假，宋师是深恶痛绝的。他出身于书香门第，父母长辈都是知识分子，都是做学问的，来不得半点虚假。他对于学生准备发表的课题，总是要反复查看数据，看讨论部分对于数据的理解和发挥，也同时鼓励学生不要只看表面的数据，要学会多角度、多视角去挖掘数据背后隐藏的真谛。在宋师的影响下，杨珺超在学术方面也非常注重求真务实。

宋师为人低调谦和，对待每一位患者，不论贫穷富贵，不论地位高低，皆礼貌有加，俯身耐心地倾听患者，询问病史，亲切地拉着患者的手并切脉，仔细视听触叩，中医和西医结合查体，认真查看患者的既往临床检查资料。他一般会给首诊的患者留自己的手机号码，以便患者有病情变化随时联系，从不忌讳这样做可能会影响到自己的生活。他说患者打电话来，肯定是有不能解决的问题，如果一个电话就能解决，何乐而不为呢？宋师门诊时患者很多，免不了有些患者会插队。宋师认为插队可能有插队的原因，先仔细询问，是否的确需要照顾，不要一棒子打死。宋师强调做医生要有仁爱之心，对素不相识来请他看病的人经常伸出援助之手，慷慨解囊相助。耳濡目染下，其弟子也学会了急患者所急，痛患者所痛，站在患者角度看问题，尽量为患者着想，让每一位患者都期盼而来，满意而归。

宋师坚持每周坐诊，如果有不得已的停诊，则会约患者在常规门诊外的时间，在自己办公室坐诊。曾有一位郎姓的老年慢性阻塞性肺疾病患者，每周风雨无阻地挂第一号来看病，宋师处方相对精炼，不开大处方，也喜用佛耳草之类的廉价草头药，在1年的调治过程中，患者病情稳定，既未见急性加重，也未发外感等不适。另有一小姑娘，穿着露肩露背的衣服，来看慢性咳嗽，宋师在遣方用药的同时，劝导姑娘找一个相对安定的工作，规律作息，着衣要注意肩颈部的保暖，姑娘用药遵医嘱后咳嗽好了，宋师也由衷地为她高兴。在学生眼中，此时宋师除了是一名医者，更是一位平易近人的仁厚长者。宋师在治病的同时也传递着养生作息的理念、为人处事的观念。

弟子徐婷贞回忆道：曾有一位宋师首诊的患者，当时患者自述只是哮喘发作而已，要求配药即可。但宋师认为其动则气急，喉间哮鸣音，不能平卧，双下肢浮肿，推测其可能还患有肺动脉高压、心功能不全，强烈建议患者住院，并亲自联系床位，叮嘱患者一定要及时住院。患者入院后查血气分析提示已经是失代偿性呼吸性酸中毒，脑钠肽（BNP），心脏B超提示肺动脉高压（重度）、心功能不全，生化检查提示肝肾功能受损，肺部CT提示支气管扩张合并感染，入院后经过抗炎、抗感染、解痉平喘、利尿、扩血管等对症治疗后转危为安。在整个诊治过程中，宋师经常打电话关心患者的病情变化，繁忙的门诊结束后还到病房探视患者，给予患者战胜疾病的信心，并结合病症，施以中医药治疗，1周左右患者病情明显好转，出院后宋师再以中医药调治，终得以康复。如此多病症，多系统累及的患者，因为宋师的准确判断，让患者得到及时诊治而避免出现危重证候，因此也得到了患者的高度赞赏。后来弟子徐婷贞从事临床工作时，也不忘辨证与辨病相结合，如遇一些疑难杂症或重症，中医药及门诊中西医均不能解决的病症也会及时引导患者住院进一步诊治，也会经常到病房关注急重症患者的病情诊治经过，及时了解病情变化，适时调整治疗方案，动态观察。

纵观宋师的诊治过程，中西医结合、辨证论治、辨病论治、对症治疗等相结合，契合了现代医学的发展，更是达到了医者医疗水平的高境界，其医风医德更是吾辈楷模。

第二节　临证启蒙巧思辨

宋师的教导很有前瞻性，一直教导学生传统中医和现代西医两手都要抓，既要解决临床实际问题，又要学会从临床中发现问题，提出问题，并研究解决问题的科研思路。中医治疗疾病遵从传统的辨证论治法则，但随着社会经济、文明的发展，西医药的广泛应用及现代检验检查手段的不断进步，目前诸多临床问题并未出现在传统中医范畴内，如体检发现肺部小结节、心电图提示ST段改变等，但患者没有任何临床证候，因此也就不能使用传统的辨证论治思路与方法进行处理。宋师经常教导学生要熟悉现代医学对疾病的认识，辨证与辨病相结合，对于一些不能用传统的辨证思维解决的临床问题，或者无证可辨时，辨病论治就比较重要。此外，辨病论治用药时还强调结合中药的现代药理研究。若能将辨证论治、辨病论治、中药药理研究有机结合，临床疗效将会得到很大的提高。现代中医师要适应现代疾病谱的变化，做到与时俱进，既要熟悉传统中医的经典理论，掌握宏观的辨证论治，还要掌握西医对于各个疾病的微观认识及诊治进展，同时要开展中医药的现代药理研究，着实是个很有挑战性的工作。其弟子徐婷贞在临床工作多年，对于一些典型病案，认为辨证得当常常是运用经方即能奏效，但对于一些复杂病症，或是多病症，合并多系统疾病，亦或是急危重症的患者，既会用到时方、经方，也不可避免地会用上现代西药，而在遣方用药方面，经常会沿用宋师的对药方法，以及时时顾护脾胃少用极苦药味，并时时叮嘱患者药后的调护方法，以期能让患者得到最大的疗效。

宋师认为肺系疾病遣方用药，需要调治全身气机为先。如慢性咳嗽患者病程较长，肺气宣发和肃降失职，升降无序，故治疗上常宣肃并用，以调畅肺气。既选麻黄、蝉蜕、前胡、桔梗、辛夷等开宣肺气之品，又同用枇杷叶、白前、杏仁、款冬花、百部等肃降肺气之药，一升一降，宣肃并用，利肺气而复其升降之序。而慢性咳嗽患者因病程较长，反复发作，常合并有焦虑紧张、心烦郁闷、夜寐不宁等表现，此类患者通常有肝失疏泄之象，治疗时需调畅肝气，宜加用柴胡、白芍、枳壳、淮小麦等理肝气之品，使肝气疏而气机畅。利肺气而司升降、疏肝气而畅气机、运脾气而绝痰源、降胃气而平冲逆、通腑气而清肺热，使全身气机调畅，不止咳而治咳。宋师强调顾护脾胃，培补后天，临证时喜用清肺药中的甘寒之品，如芦根、桑白皮、老君须、佛耳草、鱼腥草等，而少用或不用苦寒之品，如野菊花、栀子、山豆根等。所以殷莉波在遣方用药时也常选用炒制或蜜炙之品，以折其寒性，如炒前胡、炒苏子、炙桑白皮等；亦会加用焦山楂、焦六曲、炒谷麦芽、炒内金等健食消胃之品以增强脾胃运化功能。在疾病缓解期，则擅长肺脾同补，多选扁豆、白术、山药等健脾之品以培土生金。

第三节　传道授业学术承

宋师为人谦和，脸上常挂着一丝微笑，总让人有如沐春风的感觉。宋师传授的不仅是知识，还有做人的道理，先要做好人，才能做好事！其弟子石亚杰回顾，记得初见宋师时是2003年研究生入学面试，面试结束后，宋师语重心长地对他说："亚杰，你的面试成绩让我并不满意，但是看到三十多岁的你还在努力刻苦考研，就给你一次机会吧，好好努力！"在得知他的家庭条件后，嘱咐他一定要孝敬母亲，回报养育之恩。当时他就暗下决心一定要好好努力，报答宋师的知遇之恩。此事至今仍深印在他脑海之中，时常鞭策他前行。

宋师对弟子关怀备至，因材施教，指引他们以后事业发展之路。其弟子杨珺超说，当年报考博士时，很幸运能通过调剂转到宋师的门下，成为了他的第一个博士研究生。一入学，宋师就跟她谈关于攻读博士期间主要研究方向的问题，当知道她在硕士时候所做的课题是关于肺纤维化方面的研究时，建议她把研究方向锚定在中医药防治肺纤维化的机制研究。自此，她一直在这个方向做相关研究，已经先后两次得到国家自然科学基金的资助，也算是小有成绩。后来宋师建议她走中西医结合的道路，除了临床锻炼之外，还要付出更多的时间和精力投身于科研和教学方面。同时因她属于教学编制，鼓励其承担浙江中医药大学中医内科教研室的教学任务。弟子杨珺超回忆到，教学工作对于那时的她是薄弱环节，当时就如何学会在课堂上调动学生情绪，合理安排好45分钟的课堂时间这样的问题就花费了她很多的心思和时间，不过确实非常感激宋师及大家给的机会，在扮演好老师这一角色时确实受益匪浅。其弟子夏永良是中医世家出身，宋师就建议他往中医的方向发展，专攻一门，经多年临证，现在他在中医界也是小有名气的一员了。

宋师自己是中医科班出身，但西医知识也非常扎实，据浙江省中医院的年轻医生说，宋师基础知识相当扎实，比如对心电图就有很深入研究，以前秦南屏老师总是请宋师这位呼吸科医生来给他们上心电图的课。宋师始终保持对新知识、新进展的敏感性，在浙江省最早成立呼吸生理研究中心，以科研兴院，带着科室成为全国重点科室。所以宋师的学生们也都能做到中医、西医并进，既熟识并掌握中医药知识，熟读四大经典，也做到西医的与时俱进，熟悉各种疾病的西医诊治基础知识，参加学术交流，及时了解进展动态，掌握新技术，这样在临床上才能更好地解除患者的病痛。

宋师曾任浙江省中医院院长，当时行政工作繁忙，他也始终坚持临床工作，每周坚持门诊坐诊，每周坚持至病房查房，循循教导学生注意对患者病证的观察，比如患者异于往常兴奋多语，可能是慢性支气管炎、慢性阻塞性肺疾病缺氧的早期表现，可能是肺性脑病的早期神经精神症状。患者球结膜充血、水肿，可能是体内二氧化碳潴留、呼吸衰竭的早期表现。在学术教学方面，宋师也丝毫不落下，只要跟学生们在一起，他就会尽量传授经验，认真指导学生写论文、报课题、学经典、做临床。其弟子石亚杰回顾，让他印象最深的是宋师给他3个月时间去练习写标书报课题，题目自拟。这对于第一次接触课题的石亚杰来说，真是无从下手，3个月时间里，他翻阅了大量文献，一直关注于哮喘和慢性阻塞性肺疾病，然而总是找不到切入点。就在他迷茫的时候，宋师的一句提点让他豁然开朗："目前肺纤维化是一个难题，而这方面的研究并不多，通过中药对肺纤维化的干预，是一个很有前景的研究。"后来石亚杰也很顺利地写出了标书，再经过宋师和夏永良师兄的修改后中了浙江省中医药管理局的重点课题。这次申报课题的经历为他此后的科研之路打下了坚实的基础。

宋师要求每位学生每年都要有计划、有目标，比如一年至少发表一篇论文，不要等到晋升需要或者申报人才项目时才匆匆忙忙赶工。自己的主要研究方向一定要关注学术前沿，结合平时的工作实际，在临床中发现问题，并能着力于探索解决问题的方案。每年课题的申报时间节点大致是有规律的，有申报机会，就一定要去争取，不要放弃，虽然说不可能每次都中标，但是都要去申请、去努力。写了申请可能上不了，但是不写不申请肯定是没份的。其弟子杨珺超回忆道，在宋师的鼓励下，她在当时医院里还没有很浓烈的申报国家自然科学基金项目的时候，就开始写国家自然科学基金标书，虽然没有中标，但是专家给出很详细的评审意见，也获益匪浅。接下来反复写了4年的标书后，终于中了第一个国家自然科学基金青年项目。后来，她每年都在申报课题，先后获得多项厅局级、省部级和国家级项目。杨珺超笑言道，有一年，她们团队申报国家"十一五"科技支撑计划，一开始写出来的标书并不满意。宋师特地带她去请教有关专家，根据他们的建议不停地修改标书，修改了不下十稿。有个概念方面的问题，她和宋师的意见不合，甚至直接吵了起来。后来宋师还是用道理说服了她。最后一起飞去北京答辩，当天入住酒店后，又去请教资深专家修改答辩幻灯，晚上一直修改到深夜。直到答辩结束才如释重负，也终于拿到了这个项目。关于SCI论文，宋师指导学生如果有好的课题数据出来，可以试试投SCI收录的期刊。当时其学生跟着宋师走在医院的连廊上，随口说："哎呀，SCI期刊目录，我都不太清楚呢。"结果有次宋师外出开会，回来时带回了一本专门介绍SCI目录的书。

宋师常说天道酬勤，这也是他一生的写照。在他从院长职位退至临床一线后，有了更多的时间来看书，因此看书的范围也大了很多，从经典到现代，从学术派名家到民间名医的医案，无不浏览。宋师对"民间医药"也有一番谈论。其弟子徐婷贞回忆，有一次看到宋师办公室桌子上叠着厚厚的书籍，还有一些医学报，而宋师手中还拿着一份医学健康导报，是有健康宣教性质，浅显易懂的老年人报纸。宋师说这些健康导报有部分版块还是值得一看，她好奇地看向宋师所说的"值得一看"的版面，原来是介绍一些民间验方或秘方的版块。宋师认为民间偏方或秘方来自于人民群众亲身体验，是劳动人民慢慢摸索出来的针对当时疾病的治疗方法，有些至今都是有效验的，我们可以拿来应用，当然应用时还是要在辨证和辨病基础上。宋师认为应用得当就能取得疗效，有些偏方确实不虚言，但宋师应用时并非全盘接受，因为偏方药味大多比较少，有些是单味药，有些是药食同源，有些是内服，也有些是外用，现在患者病情往往比较复杂、病症多，所以应用时须根据患者病情和体质状况合理遣方。例如，宋师治疗癌症采用的民间验方：龙蛇羊泉汤。此方由具有清热解毒的中药龙葵、蛇莓、白英等组成，用于体质壮实，邪实正气未虚的肺癌患者，应用时常联合半边莲、半枝莲及杏仁、浙贝、甲片等，以达到清热解毒，化痰散结之效。宋师博采众长，孜孜不倦的学习精神是吾辈学习的榜样！

第四节　桃李纷芳满天下

宋师肩负教书育人，培养专业医学人才的重任，不辞辛苦，诲人不倦，先后培养了一大批中医专业人才，包括博士后2名，博士研究生16名，硕士研究生40余名，很多都已经成为所在科室或学科的带头人，奋斗在临床一线，慕名前来侍诊学习者更是不计其数。

夏永良，男，1969年生，辽宁新民人，2004年获得浙江中医药大学硕士学位，2010年获浙江中医药大学博士学位。现为浙江省中医院副主任中医师、副教授，中医内科副主任，浙江中医药大学第一临床医学院中医内科、中西医结合教研室（合署）副主任，硕士研究生导师，第四批全国老中医药专家学术经验继承人。中华中医药学会内科分会、亚健康分会委员，浙江省中医药学会内科分会常务委员、老年病学分会委员、情志病分会委员。主要从事中医内科临床、教学工作。临床擅长内科疑难杂病的诊治及养生保健；教学中主讲"中医内科学""中医内科医案精选"等课程，其中"中医内科医案精选"被评为校级优秀示范课程。多次被评为校级和院级优秀授课教师，2012年被评为浙江省教育系统"三育人"先进个人。

徐婷贞，女，1975年生，浙江浦江人，2005年获得浙江中医药大学硕士学位，2013年获得浙江中医药大学博士学位。现为浙江省中医院呼吸科副主任中医师，浙江省中西医结合学会呼吸病专业委员会青年委员会副主任委员，中国民族医药学会热病分会副秘书长，中华中医药学会肺系病分会青年委员、浙江省中医药学会呼吸病分会青年委员、浙江省医学会呼吸病分会介入组成员、浙江省康复医学会睡眠障碍专业委员会委员。擅长呼吸系统疾病的中西医结合诊治，纤维支气管镜检查、介入、多导睡眠仪的诊断，尤其擅长慢性阻塞性肺疾病、支气管哮喘、慢性咳嗽、阻塞性睡眠呼吸暂停低通气综合征的中西医防治。主持和参与厅局级、省部级课题10余项，获得各类奖项4项，发表论文10余篇，参编著作2部。

石亚杰，男，1972年生，江苏姜堰人，中共党员，2006年获得浙江中医药大学硕士学位，2012年获得上海中医药大学师承博士学位。现为杭州市中医院呼吸内科主任医师，第四批全国老中医药专家宋康老师学术经验继承人，宋康全国名老中医药专家传承工作室成员。擅长中医及中西医结合治疗咳嗽、肺部感染、支气管哮喘、慢性阻塞性肺疾病、间质性肺疾病、肺部肿瘤等呼吸系统疾病。先后在国家级及省级核心刊物发表论文10余篇。主持浙江省中医药管理局课题2项，参加省市级课题4项。

杨珺超，女，1973年生，浙江永康人，1996年获浙江中医学院中医学士学位，2002年获浙江大学医学院内科学同等学力硕士学位，2017年获浙江中医药大学中医内科博士学位。现为浙江中医药大学附属第一医院教授、主任中医师、中医内科博士生导师和硕士生导师，国家中医药管理局中医肺病重点学科后备学科带头人，浙江省医坛新秀，同时担任浙江省中医院副院长。学术兼职包括：中华中医药学会内科分会委员，中国中西医结合学会呼吸病专业委员会委员，中华中医药学会肺系病分会委员，中华中医药学会内经分会委员，浙江中医药学会内经分会副主任委员，浙江省中西医结合学会呼吸病专业委员会常务委员兼秘书，浙江中医药学会呼吸病分会委员兼青年委员会副主任委员，浙江省医师协会呼吸病分会委员，浙江医学会呼吸分会青年委员会委员等。多年来致力于中医药防治肺纤维化及慢性气道疾病、肺部小结节的研究。

李柏颖，男，1980年生，浙江安吉人，2007年获浙江中医药大学硕士学位。现为浙江省中西医结合医院（杭州市红十字会医院）副主任医师，结核病诊疗中心副主任，中华中医药学会急诊分会委员，浙江中医药学会内科分会青年委员。临床擅长呼吸系统疾病的中西医结合诊治。目前主持厅级课题2项，发表论文10余篇，其中SCI 2篇。

陈素珍，女，1979年生，浙江乐清人，2008年获浙江中医药大学医学博士学位。现为浙江中医药大学附属第三医院呼吸科、副主任中医师，浙江省中医药学会内科分会青年委员，浙江省中西医结合学会呼吸病青年委员会委员，浙江省医学会变态反应学分会中医学组组员。主要从事中西医结合内科临床、教学和科研工作，对中医药理论及现代医学有较深入的研究。擅长中西医结合治疗呼吸系统各类疾病，尤其在慢性咳嗽、慢性阻塞性肺疾病、哮喘及肺部感染等方面颇有心得；亦擅长调治胃肠病、睡眠障碍及冬季用膏方调治慢性疾患。参与省部级课题及以上2项，主持厅局级课题3项，参与厅局级课题6项，发表SCI论文1篇，国内核心学术期刊上发表论文10余篇。多次被评为院级和校级优秀带教老师，荣获"院级优秀个人""十佳员工""先进共产党员"等荣誉称号。

王灿灿，女，1983年生，浙江宁海人，2008年获得浙江中西医大学硕士学位。现为杭州师范大学附属医院呼吸内科主治医师，发表论文4篇。

周勇，男，1976年生，山东鄄城人，2009年获浙江中医药大学博士学位。现为杭州市红会医院干部科副主任中医师，浙江省中医药学会内科分会青年委员，浙江省医学会老年病分会青年委员，杭州市中西医结合学会内科分会委员。擅长中西医结合防治老年疾病及呼吸系统疾病。主持厅局级课题2项，参与课题11项，发表论文10余篇。

陈君峰，男，1983年生，浙江温岭人，2009年获浙江中医药大学硕士学位。现为温岭市第一人民医院呼吸科主治医师，浙江省中医药学会呼吸分会青年委员、台州市医学会呼吸病分会青年委员。长期从事呼吸系统疾病的诊治工作，擅长肺炎、慢性咳嗽、哮喘、慢性阻塞性肺疾病（慢性支气管、肺气肿）、支气管扩张、间质性肺炎等慢性气道疾病的治疗，支气管镜诊断和治疗，以及肺癌的综合诊治。积极从事各项科研工作，申报浙江省自然公益计划项目1项，温岭市课题3项，其中个人主持1项，发表论文多篇，其中SCI 3篇，核心期刊5篇。多次被评为校级优秀带教老师，荣获院"级优秀个人""优秀共产党员"等荣誉称号。

鲁建锋，男，1982年生，浙江萧山人，2009年获硕士学位，现为萧山第一人民医院感染科医生、医务科科长，发表论文6篇，参与厅局级课题1项。

曹羽，男，1983年生，浙江杭州人，2006年获浙江中医药大学中西医结合学士学位，2009年获浙江中医药大学中西医结合呼吸方向硕士学位，2015年获浙江中医药大学中医治疗呼吸病方向博士学位。现为浙江省中医院呼吸科主治中医师，内一党支部委员。擅长中西医结合治疗慢性阻塞性肺疾病、哮喘、肺间质纤维化、支气管扩张，肺癌的诊断与中西医结合治疗，感染性疾病、胸腔积液的诊治等。先后参与国家、省部级课题3项，发表论文多篇。

严正松，男，1973年生，浙江金华人，2012年获浙江中医药大学博士研究生学位，现为浙江省中医院副主任中医师，任浙江省中医药学会血液病分会青年委员会副主任委员，在中医和中西医结合治疗再生障碍性贫血、急慢性白血病（微小残留白血病）、骨髓增殖性疾病（真性红细胞增多症、原发性血小板增多症）、淋巴系统疾病、骨髓增生异常综合征、过敏性紫癜等疾病积累了独特的经验。擅长中医药防治再生障碍性贫血、免疫性血小板减少症、溶血性贫血、各种贫血、急慢性白血病等疑难血液病，以及与血液相关的疑难杂症。主持和参与国家级、省部级、厅级研究课题6项，发表论文10余篇。

冯杨荣，男，1985年生，浙江余姚人，2011年获浙江中医药大学硕士学位，现为宁波市中医院重症医学科中西医结合主治医师。

袁拯忠，男，1978年生，浙江温州人，2012年获浙江中医药大学中医内科博士学位。现为温州医科大学附属第一医院副主任中医师。擅长肿瘤、睡眠障碍的中医药治疗。主持国家自然科学基金1项，省部级课题1项，厅局级课题3项，发表SCI论文3篇，国内期刊发表论文20余篇，获得浙江省中医药科学技术奖励二等奖。

金阳辉，男，1986年生，浙江温岭人，2012年获浙江中医药大学硕士学位。现为温岭市第一人民医院中西医结合主治医师，诊疗方向中西医结

浙江中医临床名家·宋康

合内科。

安娇娇，女，1986年生，浙江天台人，2013年获中医学硕士学位。现为西湖区中西医结合医院中西医结合主治医师。

胡敬献，男，1990年生，浙江东阳人，2014年获中医学硕士学位。现为东阳市中医院呼吸科住院医师，擅长呼吸系统常见病及危重症的中西医结合诊治及气管镜、多导睡眠监测、肺功能的诊查。发表论文3篇。

柴秀娟，女，1962年生，浙江杭州人，1985年获浙江中医学院学士学位。后获同等学力医学硕士学位。现为浙江省立同德医院主任中医师。临床师从宋康、刘敬东等老师，多年来一直从事中医呼吸内科的临床和科研工作，对哮喘、慢性支气管炎、肺癌等治疗颇有心得。曾承担多项国家、省部级课题，并多次获得省科委、省卫生厅的科研奖项。发表相关论文数篇。

金晓滢，女，1963年生，浙江杭州人，1986年获浙江中医学院学士学位，2003年获浙江省中医药大学硕士学位，现为浙江大学医学院附属第二医院主任医师、硕士研究生导师、中医科主任，获"第三批全国优秀中医临床人才"称号，浙江省高等学校中医学类专业教学指导委员会主任，教育部高等学校中西医结合类专业教学指导委员会委员，中华中医药学会妇科分会委员，浙江大学中医学教学委员会主任，主要从事中西医结合临床、教学、科研工作。

王灵聪，男，1969年生，浙江温岭人，1993年获温州医学院临床医学专业学士学位，后师从宋师，获浙江中医药大学同等学力医学硕士学位。现为浙江省中医院重症医学科副主任，西诊教研室主任、教授，主任医师。研究方向为急危重症医学，先后承担多项省自然基金课题，多次获浙江中医药大学"优秀授课教师"称号。

汤军，女，1966年生，浙江杭州人，获浙江中医药大学同等学力医学硕士学位。现为浙江省中医院预防保健科科长、治未病中心主任，主任中医师，国家2级健康管理师，第三批全国优秀中医临床研修人才，全国老中医药专家宋康名中医工作室主任，中华中医药学会中医体质分会常委，亚健康分会常委，国家中医药管理局中医药文化科普推广专家，浙江中医药学会体质分会主任委员，康复养生分会副主任委员。擅长中医内科、中西医结合呼吸内科、养生保健、健康教育，中西医结合诊治内科常见病、多发病，尤其对呼吸系统疾病哮喘、慢性阻塞性肺疾病、慢性咳嗽、支气管扩张的诊疗有独到之处，擅长呼吸系统疾病及其他内科病冬病夏治、冬令膏方。

主持或参加省部级、厅局级科研课题10余项，发表论文20余篇。

张海峰，男，1971年生，山西朔州人，2012年浙江中医药大学博士后流动站出站。现为浙江省中医院主任中医师、康复科主任，兼任中国针灸学会针灸康复分会委员，中国整形美容协会中医美容分会常务理事，中国整形美容协会养生延衰专业委员会副主任委员，浙江省针灸学会针灸康复专业委员会副主委，浙江省针灸学会现代针灸研究专业委员会常务委员，浙江省中医药学会养生康复专业委员会常务委员。擅长针灸结合康复治疗神经系统和骨伤系统疾病。主持省部级课题1项，厅局级课题6项，获浙江省科学技术二等奖1项，浙江省中医药科技创新奖二等奖、三等奖各1项，国内、国外期刊发表文章30余篇。

陈芳，女，1975年生，浙江杭州人，医学博士，博士后，现为浙江省中医院主任医师，中国中西医结合学会青年委员，中华中医药学会实验药理分会委员，浙江省中西结合学会呼吸病专业青年委员会委员兼秘书。擅长治疗支气管哮喘、慢性阻塞性肺病、肺间质纤维化、流感等各种呼吸道疾病，尤其是肺癌的综合治疗。主持省部级课题1项，厅局级课题4项，参与国家自然科学基金项目2项，省科技厅重大专项课题1项。先后发表SCI论文2篇，国内期刊发表论文10余篇，参编和参译书籍各1本。

殷莉波，女，1971年生，浙江宁波人，2004年获浙江中医药大学中西医结合临床专业硕士学位。曾被浙江中医药大学聘为浙江省中医人才培养创新实验区项目、浙江省教育改革和开放试点项目中医内科教学团队主讲教师，被浙江中医药大学评为优秀带教老师。现为宁波市中医院肺病科主任中医师，宁波市第一批中青年名中医，浙江省中西医结合学会呼吸病分会青年委员、浙江省中医内科学会青年委员。目前从事中医内科（肺病科）临床一线工作（门诊和病房），主要研究方向：呼吸系统疾病的诊治和预防。开展冬病夏治（中药、穴位敷贴、远红外治疗等）及冬令调补（膏方、穴位敷贴等）等传统医学手段防治支气管哮喘、慢性支气管炎、慢性阻塞性肺疾病、慢性咳嗽、肺间质纤维化、支气管扩张等各类呼吸系统疾病。主持省部级课题2项，发表论文10余篇，参编书籍1本。

郑兰芝，女，1985年生，浙江临海人，2011年获北京中医药大学硕士学位，现浙江中医药大学博士在读，现为浙江省中医院主治医师，研究方向：中西医结合治疗呼吸系统疾病及急危重症。主持厅局级课题2项，发表论文2篇。

叶育双，女，1983年生，浙江永嘉人，2014年获浙江中医药大学硕士学位。现为杭州市江干区采荷街道社区卫生服务中心主治中医师，中医针推科科长，擅长中西医结合诊疗社区常见病、多发病，发表论文2篇。

　　方春仙，女，1975年生，浙江义乌人，2012年获浙江中医药大学硕士学位。现为义乌市中医医院主任中医师，浙江省中医药学会营养与食疗分会委员，义乌市中医药学术研究会理事。主持市级课题1项，国内期刊发表论文7篇。其中论文《中医体质类型与非急性发作期支气管哮喘的相关性研究》获得义乌市自然科学优秀论文奖三等奖；《小青龙汤加减联合布地奈德治疗支气管哮喘急性发作期的临床疗效分析》获得金华市自然科学优秀论文奖三等奖。

　　王维益，女，1987年生，浙江宁波人，现为宋师在职博士生，浙江省中医院呼吸科主治中医师。擅长支气管哮喘、慢性阻塞性肺疾病、慢性咳嗽、肺恶性肿瘤等肺系疾患诊疗，发表论文4篇，参与浙江省自然科学基金项目3项。

大 事 概 览

1951年　出生于浙江省杭州市

1958～1964年　杭州市建国二小学生

1964～1969年　浙江省杭州第二中学学生

1969～1973年　黑龙江鹤立河农场知青

1973～1983年　杭州永明树脂厂三级技工

1978～1983年　浙江中医学院中医本科学生

1982～1983年　拱墅区人民医院师从马树棠老中医

1983～1988年　浙江省中医院住院医师

1986年、1989年　浙江省中医院先进工作者

1989年　浙江省中医院"双优"最佳医生

1989～1991年、1994年、1996年　浙江中医学院优秀带教老师

1989～1994年　浙江省中医院主治中医师

1990年　浙江中医学院先进工作者

1990～1997年　师从杨继荪名老中医

1995～2000年　浙江省中医院副主任中医师

1996～2006年　浙江省中医院副院长

2000～2015年　浙江省中西医结合学会呼吸病专业委员会主任委员

2001～2016年　浙江中医药学会内科分会主任委员

2001年至今　浙江省中医院主任中医师

2002年至今　浙江中医药大学教授、硕士生导师

2004年至今　浙江中医药大学博士生导师

2005～2006年　浙江省中医院常务副院长

2006～2010年　浙江省中医院院长

2006～2014年　浙江省中西医结合学会副会长

2007年至今　浙江中医药大学博士后导师

2007～2010年　中国医师协会中西结合医师分会执行常务委员

2007～2014年　浙江省抗癌协会常务理事

2007年至今　中华中医药学会第五届、第六届内科分会常务委员

2008年　中国医院协会全国优秀院长

2008～2016年　浙江省医院协会副主任委员

2008～2016年　中国医师协会呼吸分会副主任委员

2008年至今　国家中医药管理局第四批全国老中医药专家学术经验继承工作
　指导老师

2008年　成立国家中医药管理局全国名老中医药专家宋康传承工作室

2008年至今　浙江省中医药管理局浙江省名中医

2009年至今　浙江省名中医研究院副院长

2009～2013年　世界中医药学会联合会第一届康复保健专业委员会副会长

2009～2015年　中华中医药学会第四、第五届理事会理事

2010年　全国医院卫生文化建设先进工作者

2010～2015年　浙江省中医药学会副会长

2010至今　浙江省医学会呼吸病分会副主任委员

2011～2015年　世界中医药学会联合会呼吸分会常务理事

2012年　中国中西医结合学会呼吸病专业委员会副主任委员

2012年　国家中医药管理局中医药改革发展专家咨询委员会专家委员

2013～2017年　中华中医药学会呼吸分会副主任委员

2015年至今　浙江省中医药学会第六届理事会顾问

2015年　中国民族医药学会肺病分会专家委员会专家

2016年至今　浙江省医师协会呼吸分会副主任委员

　　此外，曾担任中华中医药学会医院管理分会副主任委员、中华中医药学会海外中医药注册认证工作委员会副主任委员、中华中医药学会海外中医药注册认证工作委员会副主任委员、浙江省医学会呼吸系病分会常务委员。

学术传承脉络

```
                    ┌─ 2001－2004 硕士 夏永良 ──────── 黄慧琳 胡天一 金子然
                    ├─ 2002－2005 硕士 徐婷贞 ──────┬─ 陈彬 徐一凯
                    ├─ 2003－2006 硕士 石亚杰        ├─ 方昉 胡晶晶 徐小小
                    ├─ 2004－2007 博士 杨珼超 ───────┤  戴金峰
                    ├─ 2004－2007 硕士 李柏颖        ├─ 高芸 徐凯丽 张娅
                    ├─ 2005－2008 博士 陈素珍        ├─ 何佳 申敏
                    ├─ 2001－2008 硕士 王灿灿 张叶辉 ├─ 毕卫 赖伟萍 杨佳
                    ├─ 2005－2008 硕士 孙永梅 喻婷 邹晓 ├─ 徐淑琴 王亚
                    ├─ 2006－2009 博士 汪玉冠 周勇   └─ 昌爽 陈杭琦 徐嘉淦 张震
                    ├─ 2002－2009 硕士 陈君峰 鲁建锋
                    ├─ 2006－2009 硕士 曹羽 余霞 王雪芹
                    ├─ 2007－2010 博士 夏永良
                    ├─ 2007－2010 硕士 吴雪琴 杨媛 张银虎 周雪莱
                    ├─ 2008－2011 博士 贾仰民 严正松
                    ├─ 2004－2011 硕士 冯杨荣 余娇阳
                    ├─ 2008－2011 硕士 陈建武 凌晓波
                    ├─ 2009－2012 博士 袁拯忠 甄利波
                    ├─ 2005－2012 硕士 金阳辉
宋康 ──────────────┤─ 2009－2012 硕士 胡晓燕 王尚礼
                    ├─ 2010－2013 博士 徐婷贞
                    ├─ 2010－2013 硕士 安娇娇 黄磊
                    ├─ 2011－2014 硕士 徐璐
                    ├─ 2007－2014 硕士 何薇 胡敬献
                    ├─ 2012－2015 博士 曹羽
                    ├─ 2012－2015 硕士 王璐
                    ├─ 2013－2016 硕士 张丽婷 周瑶瑶
                    ├─ 2014－2017 硕士 褚栩霞 夏婷婷 朱云
                    ├─ 2015－2018 博士 潘俊杰
                    ├─ 2015－2018 硕士 马霜霜
                    ├─ 2016－2019 博士 郑兰芝
                    ├─ 2016－2019 硕士 陆盼盼 卢玉荣 张佳颖
                    ├─ 2017－2020 博士 陈佳斌
                    ├─ 2017－2020 硕士 谭莉 郑裕璐
                    ├─ 2018－2021 博士 蔡晓璐 王维益
                    ├─ 同等学力硕士 柴秀娟 方春仙 金晓滢 叶育双 殷莉波 余月芳 王灵聪
                    ├─ 师承硕士 汤军
                    ├─ 师承博士 石亚杰
                    └─ 博士后 陈芳 张海峰
```